KB110516

미국의 좌파와 우파

차례

Contents

미국 사회의 좌우대결적 성격

개인주의와 프로테스탄티즘으로 출발한 나라

오랫동안 대부분의 미국인들은 미국이 다른 나라들과는 달리, 국민들 사이에서 갈등(conflict)이 거의 없는 좋은 나라라고 생각해 왔다. 바꾸어 말하면, 그들은 미국 사회가 국민들의 합의(consensus)에 토대를 두고 있는 우월한 사회라고 자부해 왔다.

또, 이처럼 미국 사회가 독특한 성격을 가지게 된 것은 미국 역사가 시작된 17세기부터 봉건제도가 없었기 때문이라고 생각해 왔다. 애당초부터 군주, 귀족, 성직자와 같은 세습적인 특권층이 없었기 때문에, 미국인들은 봉건체제를 타도하기 위한 민주혁명이 필요 없었던 것이다. 즉, 미국 사회는 자유인들

로 이루어진 자유사회(liberal society)에서 출발했던 것이다.[1)

미국인들은 그러한 자유사회를 적어도 20세기 중엽까지는 유지해 왔다. 그리고 그것이 가능했던 것은 대부분의 미국인들이 몇 가지 기본 가치에 대해 동의해 왔기 때문이었다.

첫 번째의 기본 가치는 개인주의에 대한 신념이었다. 그것은 개인의 자유와 개인의 자기실현을 최고의 목표로 삼는 가치관으로서, 근대 유럽의 '부르주아' 계급에 의해 처음으로 당당하게 천명된 것이었다.

이러한 개인주의 정신을 토대로 하여 미국인들은 평등권, 공화제, 법의 지배, 대의제, 사유재산, 인권, 언론자유를 구현할 제도를 확립해 왔다. 예를 들면, 미국인들은 1789년의 최초의 헌법에 어느 시민도 작위를 받아 귀족이 될 수 없다는 것 그리고 어느 주도 공화제를 폐지할 수 없다는 것을 법조문으로 넣어 놓았는데, 이것은 모두 미국이 개인주의적인 생활방식을 토대로 봉건제도를 청산한 최초의 근대적인(modern) 사회임을 말해 주고 있는 것이다.

두 번째의 기본 가치는 프로테스탄티즘의 윤리였다. 그것은 유럽의 종교개혁 시대에 부르주아 계급의 관심을 끌었던 칼뱅주의의 교리로서, 미국에서는 주로 청교도(puritan)와 장로교도(presbyterian)들이 믿었다.

칼뱅주의는 개인의 영적 구원과 개인의 직업적 성공을 결부시켜 생각했기 때문에 경제적으로 성공한 중산계급 사이에서 인기가 높았다. 따라서 그것은 세속적 성공을 위한 근면, 자조,

절약, 도덕의 생활을 강조하게 되었다. 이와 같은 청교도적 생활방식에 대해 많은 미국인들이 동의하였고, 그에 따라 프로테스탄트적 윤리는 국민 윤리로 자리를 잡았던 것이다.

위의 두 가치는 시간이 흐르면서 '미국적 가치(American values)'로 자리잡았고, 그것에 대한 국민적 합의에서 '미국적 생활방식(American way of life)'이 형성되었다. 그리고 그것을 토대로 하여 '미국적 체제(American system)'가 세워졌다.

그 체제는 근본적으로 자유방임주의적(laissez-faire)인 것이었다. 즉, 정부는 각 개인이 자신을 실현할 방법을 찾는데 자유로울 수 있도록 간섭해서는 안 된다는 것이었다. 그리고 이와 같은 생활방식에 대해 국민적 합의가 이루어지고 있었기 때문에, 미국에서는 공산주의나 파시즘과 같은 전체주의 사상이 뿌리를 내리지 못했던 것이다.

그러나 1929년에 대공황이 일어나면서, 그러한 국민적 합의가 깨지기 시작하였다. 왜냐하면 1930년대에 대공황 문제를 해결하기 위한 뉴딜 정책을 시행하면서, 미국도 유럽 국가들처럼 정부개입(governmental intervention) 또는 국가통제(state control)의 방식을 받아들였기 때문이다. 그것은 미국의 자유방임주의적인 체제에 대한 중요한 도전이었다.

여기에 덧붙여 1960년대에 들어서부터는 혁명적인 '신좌파' 세력이 등장하여 '미국적 체제'의 동요를 더욱더 부채질하였다. 왜냐하면 그들은 과격한 방법으로 혁명사상을 실현하려 했기 때문이다.

우선, 그들은 공동체주의(communitarianism)의 문화를 사회 전반에 걸쳐 확산시키려 하였다. 이것은 미국 사회에 마르크스주의를 비롯한 여러 종류의 사회주의 이념이 파고들기 시작했음을 의미하였다. 게다가, 신좌파 세력은 청교도의 윤리도 무너뜨리기 시작하였다. 왜냐하면 그들이 추진한 '성 혁명'과 '마약 혁명'이 세속주의(secularism)의 문화를 확산시켰기 때문이다.

이처럼 신좌파 세력이 제시한 새로운 문화는 흔히 대항문화(counterculture)라 불리게 되었다. 왜냐하면 그것은 개인주의와 청교도주의에 토대를 둔 전통 문화를 대신해야 할 것으로 생각되었기 때문이다.

그에 따라 전통문화와 대항문화 사이에 충돌이 일어나고, 그것은 흔히 문화전쟁(cultural war)으로 불리게 되었다. 그리고 그 결과로 미국인들은 오랜 국민적 합의를 깨고 진보파와 보수파, 좌파와 우파로 대립하게 되었다. 여기서 대립은 미국인들이 앞으로 어떤 생활방식을 가지고 살아가야 하는가 하는 근본적인 문제를 둘러싼 것이었다.

좌·우 갈등의 성격은 1999년에 클린턴 대통령의 성 추문 사건을 처리하는 과정에서 분명하게 드러났다. 젊은 여성과의 부도덕한 관계를 이유로 클린턴을 탄핵하려는 공화당과 그것을 막으려는 민주당의 대립은 바로 미국인들 사이에서 미국 사회의 성격이 어떠해야 하는가를 놓고 벌어진 '문화전쟁'의 한 측면이었던 것이다.

그러한 갈등의 당사자들은 보수파(conservative)와 진보파(liberal)로 구분되기도 하고, 우파(right)와 좌파(left)로 구분되기도 한다. 특히 정치인들은 극단적으로 사용되는 우파와 좌파라는 말보다는 보수파와 진보파라는 말을 더 선호한다.

그러나 어떤 말을 사용하든 간에, 그 말이 가리키고 있는 대상은 같다. 왜냐하면 보수파는 흔히 보수-우파 연합(a conservative-right coalition)을 의미하는 말로 사용되고, 진보파는 진보-좌파 연합(a liberal-left coalition)을 의미하는 말로 사용되고 있기 때문이다.

이러한 구분은 프랑스에서 선거 때 수많은 정당들이 '우파 대연합'과 '좌파 대연합'으로 크게 나뉘는 현상과 같다고 볼 수 있다. 미국에서는 그와 같은 구분이 주로 공화당과 민주당이라는 상설 조직에 의해 이루어지고 있다는 점이 다를 뿐이다.[2]

진보 - 좌파 권력층의 형성

뉴딜 정책은 이전의 미국적인 가치에 대한 도전이었다

미국에서 좌파와 우파의 대결이 본격적으로 시작된 것은 뉴딜 정책이 시행된 1930년대였다. 당시 미국 사회는 대공황으로 인해 경기침체가 극심해지고, 수많은 실업자가 발생하면서 불안감이 커지게 되었다.

그에 따라 기성의 전통적인 '미국적 체제'에 대한 신념이 흔들리게 되었다. 더 이상 그것은 자유와 번영을 가져다주지 못할 듯이 보였다. 이것은 지금까지 내려오던 '미국적 가치'에 대한 국민적 합의가 흔들리고 있음을 의미하였다.

그 당시 미국 국민 모두는 경제위기를 맞아 고통받고 있었지만, 그들 가운데서도 노동자, 농민, 흑인, 도시빈민과 같은 비주류(非主流) 세력들이 가장 큰 어려움을 겪고 있었다. 그들은 미국 사회의 불평등에 대한 불만을 터뜨리기 시작했고, 유럽의 정부들처럼 미국 정부도 자신들을 위해 무엇인가 해주기를 기대하였다.

이것은 미국에서도 사회민주주의가 필요함을 의미하는 것이었다. 즉, 정부가 불우한 자를 돕기 위해 복지 혜택을 주는 방식을 통해 국민생활에 개입하는 것이었다. 그러나 정부개입은 개인적 자립(self-reliance)과 자유방임을 강조해 온 미국의 전통에 어긋나는 것이었다.

그러나 1933년에 새로 들어 선 프랭클린 루스벨트의 민주당 행정부는 대중의 요구에 따라 정부개입을 받아들이는 용단을 내렸다. 왜냐하면 국가적 위기를 넘기기 위해서는 정부의 역할밖에 기대할 것이 없어 보였기 때문이다.

정부개입은 뉴딜 정책(the New Deal)의 시행으로 구체화되었다. 뉴딜 정책은 정부가 사회적 약자의 편에 서서 경제와 사회의 문제에 적극 개입하려는 시도였다. 즉, 그것은 정부의 힘을 사용하여 주로 경제적인 의미에서 평등의 이상을 부분적으로나마 실현하려는 것이었다.[3]

그러나 급작스런 정부개입 개념의 도입에는 그만한 이론적인 근거가 뒤따라야 했다. 그러므로 뉴딜 정책을 옹호하는 과정에서 자연스럽게 뉴딜 진보주의(New Deal liberalism)로 불리는 이념이 다시 형성하게 되었다.

뉴딜 진보주의는 종전의 개인주의적, 자유방임주의적인 가치를 대신하여 공동체주의적, 사회주의적, 정부간섭주의적인 가치를 강조하였다. 그러한 이념적 전환을 토대로 루스벨트는 1933년에 공산국가인 소련을 승인할 수 있었던 것이다.

또한, 뉴딜 진보주의는 종전의 프로테스탄트적, 청교도적인 가치를 대신하여 세속적인 가치를 강조하였다. 그러한 이념적 전환은 루스벨트 행정부가 금주법을 폐지하여 술의 자유로운 판매를 허용했던 사실에서 잘 나타나고 있다.

뿐만 아니라 뉴딜 진보주의의 본질인 정부개입주의는 뉴딜 정책이 보인 노동조합에 대한 호의적인 태도에서 잘 나타나고 있다. 즉, 정부는 '와그너 법'을 제정하여 기업에 맞선 노동조합을 합법화해주고, 노조의 단체교섭권을 인정해 주었다.

루스벨트 행정부가 노동조합의 활동을 격려했기 때문에 산업노동자회의(CIO)라는 거대한 노동조합이 새로 탄생하게 되었다. 그리고 포드 자동차 노사분규에서처럼 정부가 노동조합의 편을 들어 주었기 때문에 파업이 성공했던 것이다.

뉴딜 정책의 정부개입주의는 농민을 돕는 방식으로도 나타났다. 정부는 농업조정법(AAA)을 제정하여 농산물 가격의 하락을 막아 주려고 하였다. 그래서 정부는 농산물의 과잉생산을 막기 위해 경작지를 줄이는 농민에게 보상금을 주었다.

뉴딜 진보주의는 정부 자금으로 일자리를 창출하고 경제를 활성화시키기 위한 공공사업(public works)의 추진으로도 나타났다. 그 대표적인 경우는 댐 건설, 하천 정비, 비료 생산에 대한 정부 투자로 큰 고용창출의 효과를 낸 테네시계곡개발공사(TVA)의 활동이었다.

그리고 뉴딜 정책은 나이든 은퇴자를 위한 연금 기금을 조성하는 데 있어 정부가 금액의 일부분이나마 기여하기 시작한 1936년의 사회보장법에서 잘 나타나는데, 이는 곧 유럽식의 사회보장제도가 도입되었음을 의미한다.

전체적으로 보아, 1930년대에 뉴딜 진보주의가 지향하고 있던 방향은 유럽의 중도 좌파 정권들이 시도하고 있던 것과 같은 복지국가(welfare state)의 건설이었다. 그러한 관점에서 보면, 루스벨트의 민주당 행정부는 당시의 영국의 노동당, 독일의 사회민주당, 프랑스의 사회당처럼 온건한 사회민주주의(social democracy) 노선을 따르고 있었던 것이다.

그 과정에서 진보주의 세력들은 하나의 진보주의 권력층(a liberal establishment)을 형성할 정도로 강력해지게 되었다. 그것은 루스벨트를 정점으로 한 진보적인 관료들과 정치인들 및 그들을 지지하는 진보적인 언론인들과 교수들이 힘을 합친 결과였다.[4]

백인남성 위주에서 탈피

이와 같은 뉴딜 정책의 사회민주주의 노선은 노동자, 농민, 흑인, 노인, 여성과 같은 비주류 사회세력 사이에서 인기가 있었다. 그들은 진보적인 지식인과 자연스럽게 '뉴딜 연합세력'을 형성하여, 선거 때마다 민주당을 지지하였다.

그 때문에 루스벨트는 미국 역사에서 유일하게 대통령에 네 번 당선되는 영광을 누렸다. 그리고 민주당은 트루먼 행정부가 끝나는 1952년까지 20년 동안 장기 집권할 수 있었다. 그에 따라 진보주의는 민주당의 공식 이데올로기로 자리잡게 되었다.5)

그 이후 8년간 아이젠하워의 공화당 정부가 권력을 잡았다. 그러나 공화당 통치 기간에도 진보주의의 영향력은 별로 줄지 않았다. 왜냐하면 공화당 행정부도 선거 때 표를 잃지 않기 위해 복지정책을 쉽게 폐지할 수 없었기 때문이다.

다시 1961년부터 1968년까지 8년간은 케네디와 존슨의 민주당 행정부가 권력을 쥐게 되었다. 따라서 진보주의 이념은 1960년대에 그 절정기를 맞이하게 되었고, 미국 국민들의 머릿속에도 확고하게 인식되었다.

그에 따라 국민들 사이에서는 정부의 개입을 통해 빈곤을 비롯한 사회 문제를 해결해야 한다는 생각이 널리 퍼져나갔다. 이러한 진보주의적인 풍토 속에서 존슨의 민주당 행정부는 '빈곤에 대한 전쟁(War on Poverty)'을 추진할 수 있었던 것이다.6)

'빈곤에 대한 전쟁'은 정부의 자금을 들여 빈민을 돕기 위한 정책이었다. 그 가운데는 동네 주민들이 주변 개발 계획을 세워 일자리를 창출하도록 정부가 돈을 대주는 '동네 개발사업(Community Action Program)'이 있었다. 그리고 남편 없이 아이들을 키우는 가난한 여성 가장을 돕기 위한 양육비 지급 사업(AFDC)도 있었다.

1960년대에 진보주의 이데올로기는 새로운 영역에서 활동 범위를 넓혔다. 그것은 민권(civil rights) 문제에 대한 정부의 개입이었다. 그것은 흑인에게 동정적인 케네디에 의해 추진되어, 존슨 행정부 때 몇 차례에 걸쳐 민권법으로 제정되었다. 그에 따라 투표장, 공공장소, 학교에서의 인종차별이 적어도 법적으로는 폐지될 수 있었다.

또, 여성의 인권에 대한 정부개입도 나타나기 시작하였다. 그것은 대법원이 나태를 허용한 1973년의 '로우 v. 웨이드' 판결을 내림으로써 시작되었다.

민권 신장을 위한 정부개입은 1978년부터 소수세력 우대조치(affirmative action)가 시행되면서 절정기를 맞았다. 이것은 흑인, 히스패닉, 여성과 같은 소수 세력이나 약자 세력에게 대학 입학과 취업 기회의 일정 비율을 할당해 주도록 정부가 격려하는 조치였다.

이 조치는 의외로 빠른 속도로 확산되어, 미국 사회의 성격을 바꾸어 놓는 기폭제로 작용하였다. 즉, 그것은 미국 사회가 백인남성 위주에서 벗어나 인종적, 문화적으로 다양한 다문화 사회(multicultural society)로 나가게 하는 중요한 계기가 되었다.

한국전 참전으로 공산주의와 다름을 입증하는 진보세력

뉴딜 진보주의자들이 부딪힌 문제 중의 하나는 보수세력들에 의해 자신들이 공산주의자와 동일시되고 있다는 사실이다. 바꾸어 말하면, 진보주의는 근본적으로 공산주의와 같은 것이며, 따라서 비미국적(un-American)인 것이라는 비난이었다.

뉴딜 정책이 처음 시행되었을 때 공화당과 '자유연맹(the liberty league)'에 속한 전통주의자들은 그것을 사회주의적인 것이라고 비판하였다. 그들 비판자들 가운데 오그덴 밀즈와 허버트 후버가 대표적인 경우였다.

실제로 루스벨트 행정부 안에는 공산주의자로 의심되는 관료도 적지 않았다. 그 때문에 공화당의 조셉 매카시 상원의원은 민주당 행정부 자체를 공산주의적이라고 비난했던 것이다.

그 대표적인 경우가 국무부의 실권자로서 소련의 간첩 노릇을 한 것으로 의심을 받은 알저 히스였다. 그러나 그는 결정적인 증거가 없었기 때문에 공산주의자의 혐의는 벗었다. 하지만 1990년대 초에 소련이 발표한 외교 문서는 그가 소련의 고정 간첩이었음을 공식 확인해 주었다.

그래서 뉴딜 진보주의자들은 자신들이 공산주의자들과 다르다는 것을 분명히 밝히려고 하였다. 그리하여 트루먼 행정부는 1947년에 충성도 심사사업(Loyalty Program)을 시행하여 공산주의와 연루된 공무원들을 찾아내려 하였고, 혐의가 의심되는 상당수를 해고하였다. 그러므로 공산주의 색채가 짙은 헨리 월리스는 민주당을 뛰쳐나가 혁신당(progressive party)을 창당했던 것이다.

진보주의자들이 자신들을 공산주의자들과 분명히 구분하려 했던 또 다른 경우는 트루먼 행정부의 한국전쟁 참전이었다. 트루먼 행정부가 1950년에 좌우합작 노선, 즉 소련과의 타협 의도를 버리고 한반도에서 공산주의자들의 침략 행위를 적극적으로 격퇴시키려 했던 것이다.

그처럼 진보주의자들이 자신들을 공산주의자들과 구분하려 했던 경우는 베트남 전쟁에서도 나타났다. 1960년대에 케네디와 존슨의 민주당 행정부는 북베트남의 공산주의자들과 전쟁에 돌입함으로써 진보주의자가 공산주의자와 다르다는 것을 입증했던 것이다.

그러나 진보주의자와 공산주의자가 항상 명확하게 구분될 수 있었던 것은 아니었다. 제2차세계대전 기간과 그 이후 얼마 동안 진보적인 민주당 행정부는 소련과 공산주의에 대해 우호적인 입장을 보였다. 그것은 좌우합작(인민전선) 노선을 내세움으로써 한국을 비롯한 제3세계의 우파들을 어리둥절하게 만들었다.

마오쩌둥을 존경하는 신좌파

'진보주의 권력층'은 1960년대 이후에 '문화적 좌파(the cultural left)'가 형성되면서 더욱더 큰 힘을 발휘하게 되었다.

왜냐하면 두 세력은 보수-우파라는 공동의 적에 대항하기 위해 '진보-좌파' 연합을 형성했기 때문이다.

두 세력의 제휴는 어떤 기구를 통해 공식적으로 이루어진 것이 아니었다. 그리고 그것은 뚜렷한 실체도 없었다. 그럼에도 불구하고, 두 세력은 선거 때 민주당을 구심점으로 하여 자연스럽게 공조활동을 벌일 수 있게 되었다.

'문화적 좌파'의 출현은 '신좌파(the new left)'가 나타났던 1960년대로 거슬러 올라간다.[7] 1960년대는 급진주의자들에 의한 저항과 혁명의 시기였다. 그 시기에 급진주의 운동은 흑인의 민권운동 또는 흑인의 민족주의 운동으로 촉발되었다. 그렇지만, 결국 그것은 '신좌파'로 알려진 백인 청년들에 의해 주도되었다.

'신좌파'는 제2차세계대전 이후에 태어난 '베이비 붐(baby boom)' 세대에 속하는 백인청년들이었다. 그들은 전후의 번영기 속에서 유복한 환경과 부모들의 깊은 관심 속에서 자란 운이 좋은 세대였다. 그럼에도 불구하고, 그들은 기성세대와 기존 체제에 대해 불만이 많은 세대이기도 하였다. 왜냐하면 그들은 부모세대만큼 강인한 생활력과 인내심이 부족했기 때문이다. 뿐만 아니라, 그들은 갑자기 늘어난 대학생 수효로 취업난과 장래 문제에 대해 두려움을 가지고 있었다.

그들은 이러한 자신들의 불만을 신마르크스주의의 '소외'의 개념을 빌려 설명하였다. 그리고 그러한 문제를 해결하기 위한 방법은 기존의 미국적 체제, 즉 자유자본주의 체제를 타도하는 것이라고 생각하였다.

그 대안으로 그들이 내놓은 것이 참여민주주의(participatory democracy)였다.8) 참여민주주의는 인간의 '총체적인 해방이 이루어졌을 때 실현될 수 있는 목표였다. 그리고 그것은 혁명을 통해서 억압과 불평등의 상징인 기성체계를 타도할 때만 달성될 수 있는 목표라고 생각되었다.

그러므로 그들은 기성체제의 타도를 정당화할 수 있는 혁명 사상이라면 무엇이든지 받아들이려고 하였다. 그 때문에 그들은 신마르크스주의, 무정부주의, 트로츠키주의, 흑인 민족주의에 빠지는가 하면, 공동체주의, '히피' 사상, 여성해방운동, 동성애 사상에도 빠졌다.

그러나 이러한 혁명사상은 당장 행동으로 옮기기에는 너무나 추상적이고 막연하였다. 그들에게 필요한 것은 당장 행동으로 옮길 수 있는 뚜렷한 목표나 구체적인 행동지침의 제시였다. 그러한 과정에서 그들은 마르크스주의에 매력을 느끼게 되었다. 특히 제3세계 마르크스주의에 매력을 느끼게 되었다.9) 왜냐하면 마르크스주의는 당장 베트남 전쟁에서 그리고 제3세계 국가들의 혁명운동에서 살아 있는 혁명이론으로 활용되고 있었기 때문이다.

그들에게 제3세계 마르크스주의자들의 민족해방 전쟁과 무산대중 혁명운동은 신선하고 매력적인 것이었다. 왜냐하면 물질적으로 풍요한 선진국에서 자란 '베이비 붐' 세대의 청년들에게 그것은 너무나도 신선한 경험이었기 때문이다.

그래서 그들은 중공의 마오쩌둥, 중남미의 카스트로와 체 게바라 같은 제3세계 혁명운동가들을 본받으려고 하였다. 그들은 베트남의 호치민을 존경한 나머지 자기의 조국과 싸우고 있는 베트남 공산주의자들을 격려하기 위해 북베트남을 방문하기도 하였다.

그리고 제3세계 마르크스주의자들의 혁명 조직을 모방하여 무장 게릴라 단체를 조직하였다. 그 가운데는 백인 청년들로 이루어진 '일기예보자'가 있었고 흑인 청년들에 의해 조직된 것 가운데는 '검은 표범당'과 '검은 무슬림'이 있었다.

정치혁명에서 문화혁명으로 방향을 돌리다

그러나 1970년대에 베트남 전쟁이 끝나고 미국 사회가 안정을 찾아가자, 신좌파 세력의 혁명운동은 가라앉았다. 그들은 미국에서 마르크스주의 혁명이 불가능하다는 것을 알게 되었다. 그들은 혁명 전략을 바꾸어, 지금까지의 '정치혁명'에 대한 희망을 버리고 '문화혁명(cultural revolution)'으로 방향을 돌렸다.[10] '문화혁명'이란 미국인들의 문화, 즉 생활방식을 바꾸려는 것이었다.

그것은 혁명 이념을 평화적인 방법으로 실현하려는 것이었다. 그에 따라 그들의 투쟁 무대도 시위와 게릴라 활동을 벌였던 길거리에서 언론계, 학계, 문화계로 옮겨지게 되었다.

'문화혁명'에서 이들이 노린 것은 미국인들의 개인주의적인 생활방식을 공동체주의적인 생활방식으로 바꾸는 의식개혁이었다. 그리고 그렇게 해서 나타나게 된 새로운 생활방식은 기존의 자유민주주의 체제를 대신할 '대항문화(counter-culture)'로 불렸다.

그들은 새로운 '대항문화'를 미국 사회에 널리 퍼뜨리려고 하였다. 그렇게 되었을 때 나타날 새로운 사회는 참여민주주의의 원리에 토대를 둔 공동체사회라고 믿었다. 물론 그처럼 새롭게 나타날 공동체사회에는 공산주의의 원리가 중요한 요소로 포함된 것이었다. 왜냐하면 참여민주주의의 이상이 실현되기 위해서는 경쟁과 갈등을 일으키는 가장 중요한 원인이 되는 소유로부터의 해방, 즉 사유재산 제도의 폐지가 필수적이었기 때문이다.

여기에 덧붙여 미국인들의 의식구조를 바꾸려는 '문화혁명'의 과정에서 마약의 사용과 성의 해방이 강조되었다. 마약은 개인들이 '참다운 자신(authentic self)'을 찾는 데 도움이 될 뿐 아니라 도취에 필요한 것으로 생각되었다. 그리고 '성의 해방(liberated sex)' 또는 '집단혼인(group marriage)'은 공동체사회의 구성원들이 친밀감을 유지하는 데 도움이 된다고 생각하였다.

이러한 점에서 본다면, '대항문화'는 기성체제의 개인주의적이고 청교도적인 생활방식을 완전히 초월하는 것이었다. 그것은 기존 사회의 규범을 벗어나 생각하고 행동하는 '히피적인' 것이었다.

이와 같은 '대항문화'는 청년들 속으로 빠르게 파고들어,

마침내 1969년의 우드스탁 축제에서 그 위력이 나타났다. 그것은 뉴욕 주의 한 농장에서 벌어진 '록' 음악 축제로서, '히피' 성향의 청소년들이 30만 명이나 모임으로써 기성세대를 놀라게 한 사건이었다. '록' 음악, 마약, 섹스의 광란 속에서 사흘을 보내는 동안에, 젊은이들은 자신들이 기성세대와는 전혀 다른 새로운 인간이라고 느끼게 되었다. 그리고 그들은 스스로를 '우드스탁 국민(the Woodstock Nation)'이라 자부하였다.

오늘날의 관점에서 볼 때, 신좌파 세력의 '문화혁명'은 성공하였다. 왜냐하면 1960년대 이후 수십 년 동안 미국 사회는 그들이 의도했던 방향으로 크게 바뀌었기 때문이다. 뿐만 아니라 그들 자신은 '문화 엘리트(the cultural elite)'로서 권력을 행사할 수 있는 자리를 차지하게 되었다. 신좌파와 그의 영향을 받은 사람들 가운데는 대학교수, 언론인, 문인, 예술가, 영화인이 된 사람이 많았다.

대학의 경우에는 동부의 명문대학, 특히 인문학(the humanities) 분야에서 우세하였다. 그들이 대학 진출에 성공했던 것은, 급진주의 운동 경력 때문에 정상적인 사회 진출이 어렵기 때문이기도 하지만, 새로움과 다양성을 강조하는 미국의 지적 풍토가 비판적인 시각을 가진 사람들에게 유리했기 때문이기도 하였다.11)

'문화 엘리트'의 등장으로 '대항문화' 이론은 더욱더 정교해졌다. 그리고 더욱더 널리 퍼져나가 대학과 언론계에서 우세한 요인이 되어 갔다.

그것은 '탈근대주의(postmodernism)'의 이론으로 포장되어 나타나기도 하였다. 탈근대주의는 인간이 산업혁명의 기계화와 자본주의화로 잃어버린 인간의 자연적, 원시적인 본능을 되찾기 위해서는 근대화 이전의 상태로 되돌아가야 한다는 주장이었다.

또한, '대항문화'는 다문화주의(multiculturalism) 이론으로 포장되어 나타나기도 하였다. 그것은 백인남성 위주의 근대 서양문명의 우월감이 파괴되고 해체되는 동시에, 소수인종과 소수세력의 문화가 존중되는 문화적 다양성이 강조되어야 한다는 주장이었다.

그 결과로 대학에서는 흑인, 히스패닉, 인디언, 여성과 같은 비주류 세력에 관한 연구와 강좌가 늘어나게 되었다. 그에 따라 1985년에 스탠퍼드 대학에서는 학생들의 필수과목으로 가르쳐오던 '서양문화사' 과목이 백인 남성 위주의 역사를 주로 다루고 있다는 이유로 폐지되고, 그 대신 사회 비주류의 역사와 문화를 가르치는 '문화, 사상, 가치'라는 과목으로 바뀌기도 하였다.

신우파의 사상

리무진을 타는 좌파 - 진보주의자들

1930년대의 '진보주의 권력층'과 1960년대의 '문화적 좌파'는 서로 다른 사회환경 속에서 태어난 별개의 세력이었다. 그럼에도 불구하고, 두 세력은 지난 수십 년 동안 서로 엉켜 하나의 세력처럼 행동해 왔다.

그러므로 그들은 진보파로 불리든 좌파로 불리든 간에, 실제로는 민주당을 중심으로 하여 하나의 진보-좌파 연합으로서 행동하였다. 그 때문에 민주당은 유럽의 사회민주당들처럼 복지국가 이상의 실현을 대변하고 있는가 하면, 유럽 녹색당들처럼 환경보전과 평화주의와 같은 급진주의자들의 사회변혁 이상을 대변할 정도로 시야가 넓고 융통성이 있는 진보-좌파적인 정당이 되었다.

민주당을 중심으로 한 진보-좌파 세력은 빈민, 소수인종, 여성과 같은 비주류 세력의 요구를 대변한다는 평등주의의 명분을 내세워 행동하였다. 그 때문에 그들은 사회적으로나 정치적으로 인기가 있었다. 그리고 선거전에서 승리할 가능성이 많았다.

그것은 20세기 후반의 대부분 기간에 민주당이 하원과 상원을 지배해 왔던 사실에서 확인할 수 있다. 그리고 뉴욕, 워싱턴, 로스앤젤레스, 보스턴, 시카고와 같은 대도시의 시장직이나 미시간, 일리노이, 뉴욕, 캘리포니아와 같은 노동자와 흑인이 많은 큰 주의 지사직을 차지하는 경우가 많았다.

그에 따라 민주당 행정부가 들어섰을 때는 진보-좌파 엘리트가 워싱턴의 주요 관직과 전문직을 독차지하였다. 그리고 그들은 「뉴욕타임스」 같은 영향력 있는 언론을 통해 여론을 주도하기도 하였다.

이처럼 진보주의자들이 권력의 자리에 올라 고급 승용차를 타게 되는 경우가 많아졌기 때문에, '리무진 진보주의자(limousine liberals)'라는 말이 나오게 되었다. 그러한 현상은 특히 1993년부터 2000년까지에 이르는 클린턴 행정부에서 두드러졌다.

이들 진보-좌파 엘리트는 대부분이 명문대학을 나오고 유복한 생활을 하는 중상류층의 사람들이었다. 그러면서도 그들은 사회적 약자나 소수 세력의 대변자로 행세하였다. 그 때문에 그들은 '좌파처럼 생각하고 우파처럼 생활한다(live right, think left)'는 비난을 받기도 하였다.

이들 진보-좌파 세력은 주로 전문직에 종사하는 중상류층의 백인들이었다. 그렇지만 그들 속에는 흑인, 히스패닉과 같은 유색인종과 여성도 많았다. 왜냐하면 1978년부터 소수세력 우대 정책의 시행으로 흑인, 히스패닉, 여성의 상층부가 사회에 진출할 수 있는 기회가 확대되었기 때문이다.

이들은 인종과 성을 초월하여 '오버클래스(the overclass)'로 불리는 새로운 상류층을 형성하게 되었다. 그러면서도 그들은 제각기 자기가 속한 인종이나 성의 하층민(the underclass)의 이익을 대변한다고 자처하였다.

신우파의 태동

그러나 이와 같은 진보-좌파 권력층의 출현에 대해 두려움과 분노가 동시에 일어났다. 두려움은 그들과 경쟁 관계에 있는 보수적인 중상류층으로부터 일어났다. 분노는 그들을 새로운 압제자로 생각하게 된 중하류층으로부터 일어났다. 그리고 이들 권력층에 대한 반감을 가진 사람들은 합쳐서 신우파(the new right)로 불리게 되었다.

신우파라는 말은 1974년에 공화당의 닉슨이 '워터게이트' 사건으로 대통령직을 물러났을 때 처음 사용되었다. 그 당시 선거를 거치지 않고 대통령이 된 제럴드 포드가 진보주의자인 넬슨 록펠러를 부통령으로 임명하였는데, 이것은 공화당 내부의 보수세력들을 두렵게 하였다.

록펠러의 임명은 포드 대통령이 닉슨을 내쫓은 민주당의 진보주의자들과 진보주의적인 언론을 달래기 위한 정치적 고려에서 이루어졌던 것이다. 그러나 공화당의 젊은 보수주의자들은 진보주의자 부통령 임명이 공화당의 정치노선을 크게 바꿀 위험성이 있다고 우려하였다.

다시 말해 포드의 이러한 선택은 중산계급의 정당인 공화당의 성격을 바꿀 위험이 있었다. 즉, 공화당도 근면, 자조, 자유방임의 '미국적 생활방식'을 버리고 민주당처럼 빈민의 정당으로 바뀔 가능성이 있었다. 그리고 한 걸음 더 나아가 그것은 국가의 성격과 진로를 바꿀 수도 있는 중요한 문제로 보였던 것이다.

그러므로 공화당 소속 정치가들이나 그들과 뜻을 같이 하는 보수적인 지식인들은 진보-좌파 세력에 대항할 보수-우파 세력을 조직해야 할 필요성을 느끼게 되었다. 그리고 그들의 운동은 맥주업자 조셉 쿠어스와 같은 대기업가의 지원을 받았다.

예를 들면, 폴 와이리치(Paul Weyrich)는 보수적인 두뇌 집단인 헤리티지 재단을 활성화시키고자 하였다. 그리고 자유의회생존위원회를 통해 선거에서 보수적인 정치가들이 당선되도록 선거자금을 모아 주고 유권자들을 설득시켰다.

그리고 하워드 필립스(Howard Phillips)는 1975년에 보수주의자협의회를 조직하여 보수적인 정치가들을 유권자들에게 널리 알리는 활동에 적극적으로 나섰다.

　다른 한편에서, 존 테리 돌란(John Terry Dolan)은 1975년에 전국보수정치활동위원회를 조직하여 선거 때 진보적인 정치가들의 낙선 운동을 벌였다. 실제로 그들은 1978년과 1980년의 상원의원 선거에서 몇 명의 진보주의자들을 낙선시키는 데 성공하였다. 그리고 그는 워싱톤 법률재단과 진보입법반대보수협의회를 통해 보수주의자들의 목적을 달성하기 위한 소송 활동과 '로비' 활동을 벌였다.

　또한, 리차드 비거리(Richard Viguerie)는 월간지 「보수주의 다이제스트」를 발행하여 신우파의 활동을 널리 알렸다. 그리고 전산화된 편지를 유권자들에게 발송함으로써 보수단체들을 위해 돈과 사람을 모았다.

진보-좌파에 분노하는 세력

　그러나 시간이 지나면서 신우파 운동의 주도권은 중하층 대중에게로 넘어 갔다. 그들은 진보적이고 좌파적인 엘리트에 대해 분노하는 민중으로 자처하는 사람들이었다. 신우파 운동은 이렇게 민중주의 운동으로 시작되었다.

　이 점에서 1970, 80년대의 미국 민중주의는 라틴아메리카의 국가들과 같은 제3세계 지역에서 일어난 민중주의와는 성격이 다르다. 후진국에서 민중은 주로 농민, 노동자, 빈민들을 가리키며, 엘리트인 지주, 산업가, 자본가를 미워하는 것이 보통이다. 그 때문에 제3세계에서 민중주의는 사회주의와 구별되기가 어려운 것이다. 그러므로 그것은 흔히 좌파 민중주의로 분류되고 있는 것이다.

그러나 미국의 민중주의는 월스트리트의 금융가나 산업가보다는 진보-좌파적인 지식인, 관료, 언론인, 성공한 여성에 대한 분노를 표현하고 있다. 그러한 점에서 미국의 민중주의 운동은 우파 민중주의(right-wing populism)의 성격을 띠고 있는 것이다.

이들의 우파 민중주의는 미국의 우파 운동에 새로운 성격을 덧붙여 놓았다. 왜냐하면 그것은 경제적 측면에서 자유방임의 원리를 강조해 오던 종래의 구우파(the old right)와 다른 성격을 보여 주었기 때문이다.

이들 신우파는 경제적, 정치적인 문제보다는 사회적·문화적인 문제, 즉 생활방식의 문제를 중요하게 생각하였다. 그 때문에 신우파 운동은 사회적 보수주의(social conservatism) 또는 문화적 보수주의(cultural conservatism)의 내용을 지니게 되었다.

이들 신우파의 대중은 중류층 근로대중(the wage-earning middle class)이 대부분이었다. 즉, 그들은 직업이 없거나 가난한 하층민이 아니라, 중류층의 생활을 하는 건전한 시민들이었다. 그들은 인종적으로 거의 대부분이 백인이었다. 또한 그들은 주로 '중상층 미국인(middle Americans)'에 속하는 사람들이기도 했다.

그들 가운데는 '근본주의(fundamentalism)' 신앙을 가진 프로테스탄트들이 많았다. 그리고 이들 개신교도들은 지역적으로 남부와 중서부에 뿌리를 두고 있었다.

그러면서도 그들은 진보-좌파적 엘리트에 대해 분노의 감정이 가장 강한 사람들이었고, 그 때문에 '중류층 급진파(middle American radicals)'로 불릴 수 있었다. 또, 상류층과 하류층의 중간에 끼어 정부와 사회로부터 아무런 혜택을 받지 못하는 사람들이었다. 그들은, 사회적 특권을 누리고 있는 상류층이나 정부로부터 복지 혜택을 받고 있는 하류층과는 달리, 각종 세금 납부에 시달리면서 희생당한다고 생각하는 사람들이었다.

그러면서도 그들은 자신들을 항의 한 번 제대로 못하는 힘없는 민중이라고 생각하는 사람들이었다. 그들은 열심히 일하고, 나라에 충성하고, 아들과 남편을 전쟁에 내보냈지만, 아무 보상도 받지 못한 사람들이었다. 그들은 베트남 전쟁에서 싸우고 돌아온 장병들이 진보-좌파들에 의해 조롱과 모욕을 당했던 사실에 분개하는 사람들이었다.

우파 민중주의의 반정부적 성격

바로 그와 같은 진보-좌파 엘리트가 권력층을 형성하여 연방 정부를 움직이는 경우가 많았기 때문에, 그들은 연방 정부에 대해 깊은 반감을 가지고 있었다. 간단히 말하면, 그들은 뉴딜 정책 이후 이루어진 정부-사회 관계의 변화로 자신들이 손해를 보았다고 생각한 사람들이었다.

그러면서도 그들은 나라에 대한 애국심에서는 변함이 없는 사람들이었다. "나는 내 나라를 사랑한다. 하지만 내 정부는 무서워한다"는 말은 이들의 이중적인 심리상태를 잘 드러내고 있다.12)

엘리트에 대한 증오심의 관점에서 본다면, 이들의 생각도 19세기 말에 중서부와 남부의 농업 지대에서 나타났던 민중주의자들(populists)의 그것과 같았다. 오늘날의 민중주의자들과 19세기 말의 민중주의자들 모두에게 민중의 주적(主敵)은 엘리트였다.

그러나 그 엘리트가 구체적으로 누구인가 하는 문제에서 두 세력은 달랐다. 19세기 말의 민중주의자들에게 주적은 동부의 금융가 엘리트와 산업가 엘리트였다. 이와는 달리 오늘날의 민중주의자들에게 주적은 연방 정부를 둘러싼 진보-좌파 엘리트, 다시 말해 진보적인 정치인, 관료, 언론인, 대학교수, 여성해방운동가들이었다. 이러한 관점에서 본다면, 오늘날 신우파 운동의 중심 세력이 된 민중은 '우파 민중주의자들'이었고, 19세기의 민중은 '좌파 민중주의자들'이었던 것이다.

진보-좌파 엘리트에 대한 이들의 분노에는 인종적인 문제도 작용하였다. 신우파가 범죄자에게 가혹한 태도를 보인 데는 인종적 공포감이 있었기 때문이었다. 그들은 흑인의 높은 범죄율에 놀랐고, 그 때문에 흑인을 백인 사회로부터 격리시키려고 하였다.

그러한 태도는 학교버스통합(school busing) 폐지 운동으로 나타났다. 그들은 진보-좌파적인 연방 관리들과 전문가들이 연방 정부의 힘을 빌려 인종차별을 없애려고 하는 데 분개하였다.

왜냐하면 그러한 엘리트의 결정은 삶의 현장에서 흑인들과 항상 부딪히고 있는 중하층 백인 대중의 실정을 모르기 때문에 나온 잘못이고, 흑인이 없는 좋은 환경에서 사는 진보-좌파적인 엘리트는 자신들이 그러한 환경에 놓였더라면 실천할 수 없는 일을 백인 대중에게 강요하고 있다고 분개하였다.

그들에게 기성 집권 세력의 인종 문제에 대한 태도는 위선적인 것으로 보였다. "부자들은 자녀를 (흑인이 없는) 사립학교에 보낼 수 있다. 그러면서도 그들은 미국 민중에게는 사회적, 인종적 평등의 실험을 받아들이도록 강요하고 있다"고 어느 민중주의자는 분개했던 것이다.

신우파의 행동

국가구원의 십자군 운동

신우파 대중이 가장 분개했던 것은 자신들이 모르는 사이에 진보-좌파 엘리트에 의해 미국인의 생활방식이 바뀌고 있다는 사실이었다. 그것은 미국이 진보-좌파 엘리트에 의해 정부가 빈민을 먹여 살려야 하는 복지국가로 바뀌었음을 의미하였다. 그리고 그것은 미국이 범죄자를 너그럽게 보게 되는 관용적인 사회로 바뀌었음을 의미하였다.

바꾸어 말하면, 이것은 미국이 중산계급과 청교도의 나라로부터 빈민과 범죄자의 나라로 타락하고 있음을 의미하였다. 무엇보다도 신우파는 미국 사회가 '세속화'되어 도덕적으로 타락한 사실에 대해 가장 분개하였다.

그러므로 신우파 대중은 연방 정부의 복지정책을 맹렬히 반대하였다. 왜냐하면 성실한 근로자들로부터 세금을 걷어 빈민에게 나누어 줌으로써 그들의 게으름과 부도덕함을 조장하고 있다고 생각했기 때문이다.

그러한 결과를 가져오게 된 대표적인 복지제도의 하나가 양육비 지급 사업(AFDC)이었다. 그것은 연방 정부가 남편 없는 여성 가장의 자녀들을 돕기 위한 제도로서, 자녀 한 명당 일정액의 생활보조금을 지불하였다.

그러나 그러한 제도는 수혜자인 빈민들의 악용으로 게으름을 조장할 뿐만 아니라, 남편들이 가족을 버림으로써 가정을 파괴하는 결과를 가져왔다. 따라서 그것은 미국적 생활방식이 강조해 온 '근로윤리'의 가치와 가정의 중요성을 정면으로 부정하는 것이었다.

또한 신우파 대중은 클린턴 대통령과 같은 반전주의자들이나 병역기피자들이 사회지도층의 자리를 차지하고 있는 데 대해 분개하였다. 그들은 자신들이야말로 병역의무를 충실히 이행하기 위해 아들과 남편을 군대와 전쟁에 보내는 충성스러운 시민이라고 생각하였다. 그런데도 국가에 대한 충성의 결과는 모욕과 위협뿐이었다. 베트남 참전 용사들이 조롱과 냉대 속에서 귀국한 것은 이를 잘 나타내 준 예이다.

또한 신우파 대중은 진보-좌파 지식인들이 범죄에 관대하고 사형제도에 반대하는 것에 대해, 특히 진보적인 언론인들이 범죄에 대한 책임을 사회에 돌림으로써 범죄자를 옹호하는데 대해 분개하였다.

그리고 그들은 진보-좌파적인 성향을 가진 판사들이 유죄를 입증하기 어렵다는 이유로 범죄자들에게 관대한 판결을 내리는 데 대해서도 분개하였다. 이와 같은 무책임한 행위는 범죄자 개인의 책임을 면제시켜줌으로써 범죄를 더욱더 조장하고 있다는 것이었다.

그리고 신우파 대중은 진보-좌파 엘리트가 청교도들의 나라인 미국을 '세속화'시킴으로써 도덕적인 타락을 조장하고 있다고 비난하였다. 특히 여성해방운동가들이 내세우는 '성의 해방'은 이혼과 가정 파괴를 조장할 뿐만 아니라, 나아가 동성애와 같은 비정상적인 행위까지도 받아들이는 사회풍토를 조성하고 있고, 마약에 대한 관대한 태도는 미국 국민을 '에이즈'의 공포 속으로 몰아가고 있다는 것이었다.

또한 그들은 전위예술가들을 지원하는 연방정부에 대해서도 불만을 나타내었다. 인문예술진흥재단을 통해 전위예술가들에게 지원되는 돈이 기독교를 모독하는 작품을 제작하는 데도 사용되고 있다고 분개하였다. 예를 들면, 1980년대에 워싱턴 현대미술관에 전시된 한 전위 조각가의 작품에는 십자가가 변기에 처박혀 있었다. 그리고, 1990년대에 뉴욕 시립미술관에 전시된 한 화가의 작품에는 성모마리아상이 벌레 모양으로 그려져 있었다. 그런데 그러한 작품의 제작과 유지는 결국 성실하고 기독교적인 근로계급이 낸 세금에 의한 지원으로 이루어지고 있다는 것이다.

전통유지와 변혁을 동시에 요구

이러한 행위는 모두 전통적인 생활방식이 무너진 데서 온 결과였다. 그것은 '미국적인 가치'와 '미국적인 체제'의 붕괴를 의미하며, 나아가 미국의 조속한 멸망을 예고하는 것이었다. 그러므로 애국적인 시민으로 자처하는 신우파 대중은 나라가 망해 가는 과정을 그대로 볼 수만은 없었다. 그들의 위기감은 1980년에 제리 폴웰(Jerry Falwell) 목사가 그의 라디오 프로그램에 붙인 제목에서 잘 나타나고 있다. 그는 '미국이여, 너는 이대로 죽기에는 너무 젊다'고 제목을 붙였다.

그러므로 신우파 대중의 애국심은 죽어가고 있는 미국을 다시 살린다는 '국가 구원(national salvation)'의 십자군운동으로 나타났다. 그들은 모든 사회악의 근원이 루스벨트 대통령의 뉴딜 정책에서 시작된 것이라고 생각하였다.

따라서 그들이 제시한 나라 구출의 방법은 과거의 좋았던 상태의 미국으로 되돌아가는 것이었다. 다시 말해 그것은 진보-좌파가 권력을 잡은 일이 없었던 뉴딜 이전의 미국(pre-New Deal America)으로 되돌아가는 것이었다. 그것은 과거의 개인주의적이고 청교도적인 미국으로 되돌아감을 의미하였다. 레이건이 1980년의 대통령 선거에서 "근본으로 돌아가자(back to the basics)"라고 외친 것은 바로 이와 같은 신우파적인 입장의 표현이었던 것이다. 그것은 전통적인 '미국적인 체제'를 복원시키기 위한 '미국적인 가치'의 부활을 의미하였다.

그러나 오늘날의 미국 사회를 뉴딜 이전의 상태로 되돌리는 것은 거의 불가능할 정도로 어려운 일이다. 왜냐하면 그것은 연방 정부를 비롯해 미국 사회 전역에서 막강한 영향력을 행사하고 있는 진보–좌파 권력층을 제거함으로써만 가능할 것이기 때문이다.

그러므로 신우파는 기성 체제를 무너뜨리기 위한 과격한 방법을 생각하게 되었다. 그리고 그것은 좌파들에 의해서나 옹호될 수 있는 혁명적인 방법의 채택을 의미하였다. 이러한 점에서 신우파는 모순되는 생각을 가지고 있었다. 왜냐하면 그들은 사상적으로는 전통주의적이고 보수주의적이었지만, 행동에 있어서는 급진주의적이 될 수밖에 없었기 때문이다.

이와 같은 이중적인 사고를 폴 와이리치는 다음과 같은 말로 표현하였다. "우리는 기존의 권력 구조를 바꾸려는 급진파이다. 현상 유지를 인정하는 것이 보수주의라고 정의한다면, 우리는 보수주의자들이 아니다. 우리는 방향을 바꾸려고 하는 사람들이다. 우리 신우파는 보존을 바라는 사람들이 아니라 변화를 바라는 사람들이다" 바꾸어 말하면, 신우파는 기존체제를 바꾸려는 변혁의 세력이면서도, 동시에 과거의 전통적인 체제로 되돌아가려는 복고의 세력이었다. 그 때문에 보수주의적인 사상가인 케빈 필립스는 이들에게 '민중주의적 보수주의자들(populist conservatives)'이라는 독특한 이름을 붙여 주었던 것이다.

기독교 국가로의 복귀

신우파 대중의 국가구원 '십자군' 운동은 미국의 '좌경화
(leftization)'와 '세속화(secularization)'를 막는 것을 주 목표로
삼았다. 그것은 빈민, 범죄자, 마약 중독자, 동성애자의 미국을
청교도, 애국시민, 중산계급의 미국으로 되돌리려는 도덕적인
운동이었다. 바꾸어 말하면, 그것은 과거에 있었던 '진짜 미
국'의 복원, 즉 기독교 국가로서의 미국(Christian America)을 되
살리는 데 있었다.

이것은 신우파 운동에서 근본주의 신앙을 가진 프로테스탄
트들, 즉 '종교적 우파'가 중요한 자리를 차지해가고 있음을
의미하였다. 실제로 근본주의적 기독교인들의 활동은 1979년
부터 급격히 활발해지기 시작하여, 1980년대에 그 절정에 이
르렀다.

그들은 '현대의 칼뱅주의자'로 자처하였다. 왜냐하면 과거의
미국은 주로 영국의 잉글랜드 지방으로부터 아메리카로 이민
온 청교도들 그리고 영국의 스코틀랜드 지방으로부터 아메리카
로 건너 온 장로교도들에 의해 건설되었기 때문이다. 그들은
모두 칼뱅주의 신앙을 가진 사람들이었고, 그 때문에 예정설,
개인구원, 직업에 대한 충실, 도덕적인 생활을 강조하였다. 그
리고 칼뱅주의의 교리는 미국인들의 생활방식에 결정적으로

중요한 영향을 미쳤던 것이다.

근본주의적 기독교도들의 '기독교 미국'의 회복 운동은 라디오 방송을 통해 처음으로 이루어졌다. 최초의 경우가 로스앤젤레스에 기반을 둔 「기독교인의 목소리 *Christian Voice*」라는 방송이었는데, 그것은 목사들과 신도들에게 의원들의 입법 투표 활동을 알려 주고, 신우파가 그것에 대해 어떠한 입장을 가져야 할지 가르쳐 주었다.

또 다른 단체는 1979년에 시작된 '종교적 원탁회의'였다. 이 단체는 사회문제에 대한 신우파적 연사들의 말을 자주 들을 수 있도록 정기적으로 집회를 열었다.

그러나 신우파 운동에서 가장 중요했던 것은 '도덕적 다수파(moral majority)'라는 조직이었다. 그것은 「옛 복음의 시간」이란 방송 프로그램으로 유명해진 제리 폴웰 목사가 조직한 단체였다. 이 단체는 1980년의 선거에서 진보적인 상원 의원을 여러 명 낙선시킴으로써 유명해졌다. 그리고 1980년의 대통령 선거에서 로널드 레이건이 승리하는 데도 크게 기여하였다.

다음으로 중요한 신우파 조직은 1992년에 팻 로벗슨 목사가 만든 기독교연합(the Christian Coalition)이었다. 그것은 종교단체이면서 정치단체이기도 하였다. 이 단체는 세속주의자, 진보주의자, 사회주의자, 유대인이 주도해서 나타나게 될 '새로운 세계 질서(new world order)'에 대한 두려움에서 생겨난 조직이었다.

다른 한편에서 근본주의적 기독교도들은 '기독교 미국'의 부활이란 원대한 목표에 이르기 위해서는 작지만 구체적인 문제들에 대한 관심이 중요하다는 것을 알게 되었다. 예를 들면, 그들은 미국 국민이 신에 대해 감사하는 마음을 가질 수 있도록 추수감사절 직전 일요일을 국가 지정 기도일과 국가 지정 금식일로 선포하도록 요구하는 청원서를 의회에 제출하였다. 그리고 그들은 학교에서 정기적으로 기도 시간을 갖게 하려고 하였다. 그리고 학교와 공공건물에 기도 장소를 마련하고, 공공장소에서의 행사가 기독교 의식에 따라 이루어질 수 있게 만들려고 하였다.

이러한 노력은 모두 미국 국민이 원래 기독교인으로서, '신을 두려워하는 국민(a God-fearing people)'이었음을 깨닫게 하려는 것이었다. 또한 그들은 미국 사회가 더 이상 세속화되는 것을 막기 위해 텔레비전에서 성적 충동을 불러일으킬 수 있는 음란한 프로그램을 추방하려고 하였다. 그래서 신우파는 기업들이 그러한 프로그램에 광고를 내지 못하도록 압력을 넣고, 그것을 어기는 상품에 대해서는 불매 운동을 벌였다.

가정 수호 운동

신우파 운동이 역점을 두었던 또 다른 구체적인 문제는 가정 수호였다. 그것은 1960년대의 베트남 전쟁 문제, 1970년대의 환경 및 소비자 문제처럼 1980년대의 주요 문제로 떠올랐다. 특히 이 문제는 남부의 보수주의자들에게는 중요하였다.

오랫동안 그들은 가정 수호의 원리를 사회 질서의 뿌리로 중요시해왔기 때문이다. 그러한 입장은 "진정한 자유란……우리 자신의 아이들을 키우는 권리이다. 따라서 대부분의 사람들은 가족과 함께 있을 때에만 자유로운 것이다"라는 토마스 플레밍의 말 속에 잘 나타나 있다.

그리하여 1977년에 가정수호연합회가 조직되었다. 그렇지만 신우파가 가정수호운동에 본격적으로 뛰어든 것은 1979년에 '라이브러리 코트' 집회를 열게 되면서부터였다. 그 집회가 처음으로 열린 워싱턴 특별구의 길거리 이름을 따른 '라이브러리 코트' 집단이 탄생하였다. 그리고, 그 집단에는 '도덕적 다수파', '진보입법반대 보수협의회'와 같은 수많은 단체가 소속되었다.

그들의 주공격 대상은 여성해방운동가들의 조직인 전국여성기구(NOW)였다. 그리고 사회의 모든 측면에서 남성과 여성의 완전한 평등을 실현하려는 남녀평등헌법수정조항(ERA)의 비준을 막는 데 역점을 두었다.

그렇지만, 그들의 공격이 여성해방 운동가에게 국한되었던 것은 아니며, 진보-좌파 전체에 대해 이루어졌다. 왜냐하면 높은 이혼율, 취학 이전 아동을 둔 여성 근로자의 증가, 낙태의 증가, 성병의 만연, 사생아의 증가, 음란물의 범람, 동성애, 어린이 성학대와 같은 사회악은 모두 진보-좌파들에 의해 조장된 것으로 생각되었기 때문이다.

이것은 신우파 운동이 정치적, 경제적인 문제보다 사회적,

문화적인 문제에 더 큰 관심이 있음을 보여 주었다. 그들은 이러한 사회 문제를 해결하기 위한 방법으로 가정보호법(Family Protection Act)을 제정하는 데 힘을 기울였다. 그래서 이 법안은 1979년에 상원 의원 폴 랙설트에 의해 의회에 제출되는 단계까지 진행되었다. 그 법안에는 자녀를 양육하고 교육할 권리가 부모에게 있음을 분명히 하는 내용이 들어 있었다. 그리고 정부는 기독교 단체가 운영하는 사립학교를 보호해야 한다는 내용이 포함되어 있었다.

그것은 신우파적인 학부형들이 진보-좌파적인 교사들에 의해 좌우되고 있는 공립학교로부터 자녀들을 떼어내어 기독교 단체에서 운영하는 사립학교에 보내기를 희망하고 있음을 표현하는 것이었다. 따라서 그들은 정부가 사립학교 운영에 간섭하지 못하도록 법을 제정하려 했던 것이다.

그리고 그 법안에는 학부형들이 학교 교과서 검열권을 가져야 한다는 내용도 있었다. 왜냐하면 교과서에는 기독교도의 입장에서 도저히 용납될 수 없는 내용이 많았기 때문이다. 예를 들면, 교과서에는 미국의 자유민주주의 체제를 비판하는 마르크스주의적인 내용이 많았을 뿐만 아니라 여성의 전통적인 역할을 무시함으로써 전통적인 가정을 파괴하려는 내용도 많았기 때문이다. 또한, 과학 교과서에는 신의 생명체 창조를 믿는 창조론을 부정하는 진화론에 관한 내용도 많았다.

이와 같은 신우파의 태도를 형성하는데 가장 큰 영향을 준 사람은 버지니아의 침례교 목사인 제리 폴웰이었다. 제리 폴

웰은 성서의 모든 말이 문자 그대로 신의 말씀이라고 믿는 성서 무오류성의 교리를 믿는 근본주의자였다. 그는 진화론을 '세속적 휴머니즘'의 도구라고 공격하고, 그 대신 '창조 과학(creation science)'을 공립학교에서 가르쳐야 한다고 주장하였다. 그는 성서에서 제시된 창조론이 과학으로 받아들여지기를 요구했던 것이다.

그러나 폴웰과 신우파의 노력은 끝내 좌절되고 말았다. 왜냐하면 1982년에 한 연방법원이 '맥클린 v. 아칸소 교육위원회' 판결에서 진화론 교육을 금지시킨 아칸소 주 법을 무효화했고, 4년 뒤에는 대법원도 루이지애나 법과 관련된 판결을 통해, '창조과학'은 과학이 아니라 종교라고 분명히 규정했기 때문이다.

신우파 종교인 제리 폴웰의 설교 장면.

또한 가정보호법 안에는 정부가 동성애자들을 보호하지 못하도록 하는 내용과 자녀들이 늙은 부모를 모시도록 효도를 권장하는 내용도 있었다. 그리고 대학생들에게 연방 정부가 무료식품구입권(food stamps)을 주지 못하게 하는 내용도 있었다. 그것은 일할 능력을 가진 젊은이들이 정부로부터 복지 혜택을 받지 못하도록 하려는 것이었다.

가정보호법안은 근본적으로 미국을 건국 초기의 건강한 상태로 되돌리기 위해 개신교의 신앙과 윤리가 미국 사회 전반을 지배하도록 의도적으로 만들어진 것이었다. 그것은 개신교적 윤리야말로 미국 국민 정신의 원동력이라는 생각을 토대로 작성된 것이었다.

자유방임주의의 재천명

과거의 '진짜 미국'으로 돌아가야 한다는 신우파의 주장은 개인주의의 가치를 부활시키려는 움직임으로도 나타났다. 즉, 200여 년 전 건국 초기에 우세했던 자립, 근면, 자유기업, 도덕의 정신이 다시 살아나야 오늘날의 모든 사회악을 제거할 수 있다는 것이었다.

그러한 입장에서 신우파 대중은 정부간섭주의와 복지국가를 맹렬히 비난하였다. 그들은 현재 정부가 시행하고 있는 인위적인 평등화 정책이나 복지정책은 게으름과 의존심을 조장함으로써 개인을 파멸시키고 국가를 부패시키고 있다고 주장하였다.

"도넛 속을 꺼내 먹으면서도 '파이' 가게에서는 일하려 하지 않는 사람들, 다시 말해 실업자구호사무소 앞에 길게 서 있는 게으르고 시시한 무리들을 우리가 먹여 살려서는 안 된다. 그들은 그저 굶어 죽게 놓아두면 되는 것이다"라고 제리 폴웰 목사는 말하였다.

그들은 연방 정부의 복지정책이 정부기구와 공무원의 수효를 크게 늘림으로써 '거대 정부'를 출현시키고, 그 결과로 국가 채무를 늘리게 된다고 비판하였다. 그 때문에 그들은 대폭적인 세금 삭감을 주장하고 분배정책에 반대하는 레이건 행정부의 공급 측면 경제학(레이거노믹스)을 지지하였다. 그리고 그들은 적자가 없는 균형 예산을 유지하려는 밀튼 프리드맨의 정부지출 삭감 주장을 지지하였다.

"지금 우리가 해야 할 일은 사회주의를 중지시키는 것이다"라고 비거리는 말하였는데, 여기서 사회주의는 정부개입과 거대정부를 의미하는 것이다. 그러므로 신우파에게는 무엇보다도 빈민에 대한 정부의 시혜(handouts)를 없애는 것이 중요하였다. 왜냐하면 복지제도의 폐지야말로 미국이 정부의 구호에 의존해 살아가는 빈민 대중의 민주국가나 폭도국가로부터 벗어날 수 있는 첫걸음으로 생각되었기 때문이다. 그렇게 되면, 미국은 다시 자립적이고 건전한 중산계급 시민으로 이뤄졌던 과거의 아메리카 공화국으로 되돌아 갈 수 있을 것이라고 여겼다.

신우파의 꿈은 1978년에 캘리포니아에서 주민투표 의제 13호(Proposition 13)가 통과되면서 부분적으로나마 실현을 보게 되었다. 그것은 주(州) 정부가 제멋대로 재산세를 부과하는 것을 막기 위한 장치였다. 따라서 그것은 앞으로 연방 정부도 제멋대로 세금을 부과하지 못하도록 만들 계기가 될 것으로 기대되었다. 이러한 작은 성공을 토대로 신우파는 연방 정부의 세금 부과를 직접 제한하려는 헌법수정운동을 벌였다. 그것은 납세자 운동으로 불리기도 하였다.

그 운동의 목표는 새로운 세금 부과는 의회에서 이루어질 것이 아니라, 그 문제만을 논의하기 위해 특별히 소집된 대표자회의(constitutional convention)에서 처리되도록 헌법을 수정하려는 것이었다. 그리고 이 운동의 주장에는 행정부의 의무 가운데는 적자가 없는 균형 예산을 유지해야 할 의무도 있다는 조항을 헌법에 넣으려는 요구도 있었다.

정부개입과 복지국가에 대한 신우파의 공격은 노동조합에 대한 공격으로도 이어졌다. 왜냐하면 '거대 노조'는 '거대 정부'와 마찬가지로 막강한 조직의 힘을 가지고 선량한 시민들의 자유와 기업의 자유를 제약하고 있었기 때문이다. 신우파는 특히 노동조합이 근로 의욕을 떨어뜨림으로써 미국 상품이 국제시장에서 경쟁력을 갖지 못하게 만드는 데 대해 분개하였다. 그들은 노동조합의 파업 행위를 비애국적인 것으로 생각하였다. 그 때문에 그들은 노동조합의 힘을 약화시키려고 하였다. 그들은 특히 '노동귀족'으로 불리는 노동조합 간부들의 힘을 약화시키려고 하였다.

"우리가 지적하고자 하는 것은 단지 노동조합 지도자들이 조합원들을 대변하지 못하고 있다는 사실, 그리고 더 나쁘게는 노조원들의 관심사에 부응하지 못하고 있다는 사실이다. 우리는 거대한 노동조합의 '보스들'이 노동자들이 힘들게 벌어서 낸 조합비를 낭비하고 있음을 우려하는 것이다"라고 어느 신우파 지도자는 말하였다.

그러한 목표에 도달하기 위한 전략의 하나가 근로권법(right to work laws)의 제정이었다. 그 법은 단체 교섭 협약에서 직장의 모든 종업원을 의무적으로 노동조합에 가입시키게 되어 있는 규정을 없애려고 하였다. 그리고 파업에 가담하지 않으려는 근로자들이 노동조합의 간섭 없이 자유롭게 일할 수 있는 권리를 보장해 주려고 하였다. 근로권법은 주 단위로 제정되기 시작하였다. 실제로 많은 주에서 그러한 법이 제정되었다. 그리고 근로권법이 제정된 주에서는 노동조합원의 수효가 줄어, 노동조합 활동이 위축되기도 하였다.

반공주의와 애국심의 천명

신우파 대중이 진보–좌파 엘리트에 대해 반감을 가지게 된 데는 공산주의와 소련의 위협에 대한 두려움도 작용하였다. 그것은 미국인들의 마음속 깊은 곳에 자리잡은 반공주의(anti-communism)의 표현이었다. 비거리가 지적한 바와 같이, 미국

45

인 대다수의 마음속에는 "인간의 정신적 본성, 강력한 중앙 정부의 위험성, 미국을 짓밟아 버리려는 공산주의의 변하지 않는 목표가 언제나 있어 왔던 것이다".

신우파의 눈으로 볼 때, 진보-좌파 엘리트는 공산주의적이고 친소련적인 사람들이었다. 제2차세계대전 이후 지금까지 미국이 전세계적으로 공산주의와 사활(死活)을 건 싸움을 해오는 과정에서, 신우파는 진보-좌파가 항상 소련과 공산주의의 편에 섰던 사람들이라고 생각하였다. 소련이나 공산주의와의 대결에서 위기가 발생할 때마다, 진보-좌파 세력은 항상 소련과 공산주의자들에게 유리한 여론을 조성하고, 그들을 돕는 정책을 시행했다는 것이었다. 그러한 진보-좌파의 반역 행위는 제3세계 마르크스주의자들과의 관계에서 두드러졌고, 그 결과로 미국은 그때마다 국제적으로 위기에 몰렸다는 것이었다.

이 점에 있어서 신우파는 민주당 행정부들의 진보적인 대외 정책을 비난하였다. 얄타 회담에서, 한국전쟁에서, 베트남 전쟁에서, 군비축소 회담에서 미국의 진보적인 정책수립가들은 소련에게만 거듭 양보함으로써, 소련에 대한 미국의 대항 의지는 꺾이고 그 대항 수단마저 상실했다는 것이었다. "진보주의적인 대통령들과 진보주의적인 국회의원들은 의도적으로 우리를 제2의 지위에 묶어 두려고 하였다. 그들은 미국의 힘이 소련과 세계 평화에 위협이 된다고 믿고 있다"고 비거리는 말하였다.

민주당 행정부의 대외 정책 가운데는 미국의 국가이익에 치명적인 손해를 주는 것이 많았다. 그리고 미국이 소련과의 대결에서 대항 의지가 없음을 드러낸 것들이 많았다. 또한 소련을 유리하게 만든 교역 관계와 기술 이전과 소련의 아프가니스탄 침공을 묵인한 무책임한 행동도 있었다. 또한 전략무기제한(SALT)의 협상과 체결 과정에서 소련에 대해 지나치게 양보한 사실도 있었다. 그러한 잘못된 정책 가운데는 중국 공산 정권의 비위를 맞추기 위해 우방국인 타이완에 대해 지원을 하지 않았고, 파나마 운하 관리권을 공산 독재자에게 넘겨준 사실도 있었다. 그리고 공산권 국가들과의 타협과 공존을 추구하는 '데탕트' 정책도 있었다.

그러므로 미국의 대외정책에는 대전환이 있어야 한다고 신우파는 생각하였다. 그러한 새로운 정책은 온 세계에서 미국의 군사적 우위성을 회복하고, 반공(反共)의 기치를 뚜렷이 내세우는 것이었다. 그리고 그것은 동유럽과 같은 후진 지역에 대한 소련의 점령을 국제사회에 알려 소련의 침략성을 일깨우는 것이었다. 왜냐하면 자유주의 국가이면서 기독교 국가인 미국은 공산주의 국가인 소련과 공존하는 것이 불가능하기 때문이다.

이러한 이유에서 신우파는 1977~78년에 파나마 운하 반환에 반대하기 위해 조약비준반대운동을 벌였다. 그들은 파나마 운하 조약의 비준에 찬성표를 던진 민주당 소속 상원의원들을 맹렬히 비난하였다. 그 결과로 1978년 11월의 선거에서 8명을 낙선시키는 데 성공하였다. 그리고 다른 문제로 5명의 또 다른 진보-좌파 성향의 의원을 낙선시키는 데도 간접적으로 기여하였다.

극우파의 사상

민병대의 출현

앞에서 본 바와 같이, 미국 사회의 '좌경화'와 '세속화'를 막으려는 움직임은 이미 1970년대부터 신우파 운동을 중심으로 일어났다. 그럼에도 불구하고, 미국은 진보-좌파 엘리트가 이끄는 방향으로 바뀌어 갔다. 1980년대에 들면서 오히려 그러한 추세는 더욱더 가속화되고, 그에 따라 보수-우파의 위기의식 또한 커져갔다. 이러한 위기 상황에서 우파 운동은, 앞으로 살아남기 위해서는 보다 더 적극적이고 과격한 형태를 띠지 않을 수 없었다. 극우파(the far right)의 출현 무대가 마련된 것이다.

신우파를 1970년대의 우파라고 한다면, 1980년대의 우파는 극우파였다. 그러므로 극우파는 신우파의 사상을 거의 그대로 계승하였다. 극우파 역시 신우파와 마찬가지로 자신들을 '힘없는 민중(the powerless people)'으로 생각하는 사람들이었다. 따라서 극우파도 역시 신우파와 마찬가지로 연방 정부와 진보-좌파에 의해 억압당하고 수탈당하고 있다고 분개하고 있었다.

그러나 그러한 상황에 대처하는 행동에 있어서 극우파는 신우파와 크게 달랐다. 신우파가 홍보 활동과 법 제정의 방법을 사용했던 것과는 달리, 극우파는 보다 더 과격한 무력 사용의 방법을 선택하였던 것이다. 극우파는 그러한 '연방 정부의 폭정(federal tyranny)'에 대항해 민중인 자신을 지키려고 하였다. 그것은 무장 단체의 조직을 의미하였다.

그에 따라 1980년대에 기독교애국방위연맹(CPDL) 같은 준군사조직들이 출현하였다. 그리고 그러한 준군사조직은 민병대(militia)라는 이름으로 계속 그 수가 늘어갔다. 민병대 조직은 원칙적으로 비밀조직이었기 때문에 그것이 위치한 지방의 주민들조차도 모를 정도였다. 그들은 수시로 비밀 집회를 가지고, 여름 휴가 기간에는 깊은 산 속에서 군사훈련을 받았다.

민병대 대원들은 자신들을 200여 년 전에 영국에 대항해 미국의 독립을 위해 무기를 들었던 민병대와 똑같은 성격의 것이라고 생각하였다. 다른 점이 있다면, 투쟁의 대상이 다르다는 것뿐이었다. 독립전쟁 당시의 민병대가 싸운 대상은 영국의 왕과 귀족들로 이루어진 봉건 세력이었다. 그러나 오늘날의 민병대가 싸울 대상은 연방 정부와 그것을 장악하고 있는 '사악한 진보-좌파 권력층'이었다. 그러한 의미에서 극우파는 자신들의 활동을 '제2의 미국혁명(the Second American Revolution)'이라고 불렀던 것이다.

이와 같은 민병대 조직 가운데서 가장 유명한 것이 미시간 민병대와 몬태나 민병대였다.

몬태나 민병대는 1994년에 눈썰매 부품 제작자였던 존 트로크맨(John Trochman)에 의해 조직되었다. 이들은 모두 뒤에서 설명하게 될 '기독교 정체' 신학의 신봉자들이었다. 그들을 유명하게 만든 것은 게릴라전을 위한 군사훈련교범의 출간이었다. 그것은 언젠가는 미국으로 쳐들어올지 모를 공산주의적인 소련군이나 유엔군 그리고 더 나아가 유대인을 중심으로 새로운 세계 질서를 만들려고 흉계를 꾸미는 국제적인 음모 세력들에 대항하기 위한 것이었다.

미시간 민병대의 설립자는 작은 마을의 침례교 목사이며 총포 가게 주인인 노만 올슨(Norman Olson)이었다. 그들은 1994년에 그 조직을 만들고 '신의 군대'라고 불렀다. 그것을 만든 주 목적은 연방 정부의 총기 규제에 맞서기 위한 것이었다. 그렇지만, 학교 교육에 대한 사회주의적 성향의 교사들과 교수들의 침투 그리고 낙태 허용에 따른 도덕적 타락과 같은 '좌경화'와 '세속화'와 관련된 문제에 대응하기 위한 목적도 있었다. 특히 그들은 연방 정부의 후원 아래에서 그러한 부도덕한 행위가 이루어지고 있다는 사실에 분개하였다. "이제 (미국 정부는) 더 이상 민중에 의한 정부가 아니다. 우리 나라는 더 이상 공화국이 아니다"라고 올슨 목사는 외쳤다. 미시간 민병대 단원들은 대부분이 중년의 백인 남자들이었지만, 여자들도 있었다. 그들은 얼굴을 가린 옷을 입고, 모자를 쓰고, 장애물 코스와 벙커가 설치된 숲에서 군사 훈련을 받았다.

1995년에 오클라호마시티 폭탄 사건이 일어나면서, 미시간 민병대는 언론기관의 주목을 받았다. 왜냐하면 사건을 일으킨 사람들이 이 단체의 모임에 참석했다는 소문이 돌았기 때문이다. 미시간 민병대는 여러 가지 방법으로 연방 정부에 대해 적대감을 표시하였다. 미시간의 랜싱 시청에서 열린 유엔의 날 기념 행사장에서 유엔 깃발이 올라갈 때 시장에게 반역자라고 외치는가 하면, 비행장에서는 연방 요원들이 몰고 온 자동차 번호판을 훼손시키기도 하였다.

자유지상주의

극우파는 자신들이야말로 '미국적 이상'과 '미국적 가치'에 충실하게 살아가는 진정한 미국인이라고 생각하였다. 그리고 열심히 일하고 나라에 세금을 내고 군대에 가는 애국시민이라고 생각하였다. 그러나 이러한 애국시민들은 미국 사회에서 더 이상 생존이 어려울 정도로 궁지에 몰리게 되었는데, 그것은 미국이 '좌경화'되고 '세속화'되었기 때문이었다. 다시 말해 그처럼 변화된 미국에서 더 이상 선량하고 건전한 시민은 정상적으로 살 수 없게 되었기 때문이었다.

이제 미국의 건전한 백인시민은 흑인, 히스패닉 같은 소수인종이나 여성들에게 밀려 일자리마저 빼앗기는 어려운 지경에까지 몰리게 되었다는 것이다. 그리고 이와 같은 변화는 건국 초기에 중산계급 시민의 공화국이었던 미국이 이제는 빈민들의 민주국과 폭도국으로 바뀌었음을 의미하는 것이었다.

그러므로 극우파는 워싱턴의 연방 정부를 무력으로 타도하려는 생각을 가지게 되었다. 그리고 이러한 태도는 그들을 무정부주의자로 보이게 하였다. 그러나 그들은 무정부주의자들처럼 일체의 정치적 권위를 부정하지는 않았다. 단지 그들은 거대한 중앙정부가 민중과 가까이 있는 작은 지방정부를 압박하는 데 두려움을 가지고 있었을 뿐이었다.

이런 의미에서 볼 때 그들은 근본적으로 제퍼슨주의자들(Jeffersonians)이었다. 또한 그들은 정부에 대항해 개인의 자유를 극단적으로 옹호하였다. 그러한 의미에서 그들은 자유지상주의자들(libertarians)이었다. 이들의 자유지상주의적인 성격은 백인 민병대 조직을 보면 쉽게 알 수 있다. 전국에 걸쳐 수많은 민병대 조직이 있었는데도 불구하고, 그것들을 연결시키고 통제할 중앙조직이 없었던 것이다. 그것들은 지방별로 작은 세포(cells) 조직의 형태로 존속하고 있었다.

이들 극우파는 자신들을 '기독교 애국자들(christian patriots)'

이란 이름으로 부르기도 하였는데, 그것은 미국을 기독교 국가로 유지하는 것이 바로 애국운동이라고 생각했기 때문이다. 그러한 태도는 오리건의 기독교 애국자 협회 뉴스레터에 인쇄된 표어 속에서 잘 나타나 있다. 그것은 '미국의 애국자들'이 기독교도가 아니면, 결코 자유는 회복될 수 없다"고 썼던 것이다. 이것은 미국이 기독교 사회로 유지되지 못하면 어떤 자유도 있을 수 없다는 생각이었다. 그렇게 될 수밖에 없는 이유는, 몬태나의 어느 극우파의 말대로, "지금 미국의 정부, 은행, 주요 언론기관, 법률기관이 모두 그리스도에 적대적인 종교를 믿는 사람들(anti-Christ)에 의해 지배되고 있기" 때문이다.

그들의 주장에 따르면, 미국은 원래 건국 초기에는 '자유인들'끼리 모여 사는, 정부의 무거운 세금과 규제로부터 자유로운 그리고 신의 법을 따르는 도덕적인 사회였다. 그러나 오늘날 그러한 기준은 모두 다 무너졌고, 이제 그것들을 다시 세우기 위해서는 기독교의 도덕적 기준을 회복해야 한다는 주장이었다.

이와 같은 관점에서 그들은 미국 시민을 모두 똑같이 평등한 존재로 보지 않았다. 그들은 미국 시민을 두 종류로 나누어 보았다. 하나는 '주 시민(state citizens)'으로서, 진정한 미국 시민이라고 볼 수 있는 사람들이었다. 그들은 건국 초기부터 시민권을 받아 살아 온 기독교계의 백인들이었다. 다른 하나는 '헌법수정 조항 시민(fourteenth amendment citizens)'으로서, 진정한 미국 시민이 못 되는 사람들이었다. 이들은 남북 전쟁 이후 수정헌법 제14조의 채택에 따라 시민권을 얻은 흑인과 같은 비백인들이었다.

이러한 점에서 볼 때, 극우파 세력은 자유의 문제를 인종의 문제와 결부시키고 있었다. 따라서 그들은 자유지상주의자들인 동시에 인종주의자들이었던 것이다.

헌법근본주의

극우파 민중의 제퍼슨주의적, 자유지상주의적인 태도는 1789년 건국 당시의 헌법에 따라 정부조직을 부활시키려는 헌법근본주의(constitutional fundamentalism) 운동으로도 나타났다. 그것은 1789년에 처음 헌법이 채택되었을 때의 '진정한 헌법'으로 되돌아가야 함을 의미하였다. 처음에 만들어졌을 때의 헌법은 원문을 포함하여 우리에게 '권리장전'으로 알려진 인권 관련 조항 10개뿐이었던 것이다. 따라서, 그 뒤에 추가된 수정 헌법 제11조의 내용은 모두 무효라는 것이 그들의 주장이었다. 왜냐하면 연방정부는 1789년 당시의 헌법 원문에서 명시된 권한만을 가지고 있기 때문이다. 그 이후로 발생한 새로운 권한은 수정헌법 제10조에 따라 모두 주 정부에 속하게 된다는 주장이었다. 이것은 헌법을 원래의 조항에 한정하여 문자 그대로 해석해야 한다는 입장을 취하기 때문에 헌법근본주의로 불리게 되었다. 그것은 기독교에서 성서를 문자 그대로 해석해야 한다는 성서근본주의와 같은 맥락에서 붙여진 이름이었다.

이 운동은 다른 말로 수정헌법 제10조 운동이라고 불리기도 하였다. 그리고 그것은 극우파가 연방 정부에 대해 적대적인 태도를 가지고 있음을 나타내는 행동으로 사람들에게 알려지게 되었다. 헌법근본주의는 또한 연방 정부의 세금 징수권을 부정하는 운동으로도 나타났다. 그에 따라 '애리조나 애국자들'과 같은 납세 거부 단체가 조직되기도 하였다.

납세 거부 운동의 대표적인 경우는 수정헌법 제16조 폐지 운동이었다. 그것은 연방 정부가 가난한 사람들을 돕는다는 이유로 일반 시민들에게 소득세를 부과한 법적 근거를 없애려는 데 목표를 두었다.

만일 연방 정부가 그러한 세법을 제정하려고 한다면, 지역 주민의 대표로 이루어진 대표자회의(constitutional convention)를 소집해 주민의 동의를 얻어야 할 것이라고 극우파 민중은 주장하였다. 그것은 의회에서 결정될 일이 아니었다. 왜냐하면 원래의 헌법은 그러한 권한을 연방 정부에 부여한 적이 없었기 때문이다. 이러한 헌법근본주의의 입장에서 극우파는 연방 정부의 총기 규제에 반대하였고, 그 운동은 흔히 수정헌법 제2조 운동으로 불렸다. 그들에게 시민이 총기를 가질 권리는 연방 정부의 폭정에 대항해 개인의 자유와 권리를 지킬 유일한 수단이자, 따라서 수정헌법 제2조에서 인정된 권리였다. 결과적으로 그것은 아메리카 공화국을 지키기 위한 최후의 보루였다. 연방 정부에게 총을 빼앗기는 것은 민주주의의 최후의 보루인 시민계급이 무너짐을 의미하였다.

그러므로 신우파는 연방 정부의 총기 규제에 반대하였다. 그에 따라 전국총기협회(NRA), 총기로비협회(FLA), 입법교환위원회(ALEC) 같은 단체들과 협력하게 되었다. 특히 전국총기협회(NRA)는 극우파의 이러한 심리를 잘 활용하였다. 그래서 웨인 라피어 부회장은 연방 정부 요원들을 가리켜 '억압적인 정부의 악한'이라는 자극적인 명칭을 붙여 극우파들을 흥분시켰던 것이다.

헌법근본주의 사상은 연방 정부의 환경규제에 대해 반대하는 운동으로도 나타났다. 극우파는 지방의 주민들이 자기 지방의 토지와 자원을 개발하려는 데 대해 연방 정부와 환경주의자들이 반대하고 간섭하려는 것을 아주 못마땅하게 생각하였다. 그들은 개발론자들로서, 자신들을 '현명한 사용 집단(the Wise Use Groups)'으로 부르기도 하였다.

환경규제 반대 조직 가운데는 워싱턴 주의 소노호미쉬 카운티 재산권동맹(PRA), 토지사용교육을 위한 연합(CLUE)이 유명하였다. 그리고 그들은 보통 광산업자, 벌목업자, 목축업자들의 지지를 받았다. 이들의 주장은 지방 토지와 자원에 대한 개발권은 근본적으로 지방 주민과 지방 정부에게 있다는 것이었다. 따라서 토지와 자원의 개발 여부는 연방정부와 외부의 환경주의자들이 개입할 문제가 아니라는 것이었다.

어디까지나 법은 그 지방 주민들이 인정할 때만 법인 것이다. 그러므로 이들 문제에 관한 최고의 권위는 군(county) 정부에 있다는 것이었다. 이러한 의미에서 극우파는 지방 급진주의(local radicalism)의 신봉자들이었다. 이러한 급진적 지방주의를 신봉한 극우파 대중은 국립공원 관리 문제를 둘러싸고 연방 정부와 충돌하였다. 극우파의 주장에 따르면, 국립공원은 그것이 위치한 지방의 재산이었다. 따라서 지방 주민들은 연방 정부 관리들의 침입으로부터 자신들의 지방과 집을 지킬 권리가 있다는 것이었다. 그 때문에 네바다 주의 나이 군 대표인 딕 카버는 국립공원에 대한 연방 정부의 소유권과 관리권을 정면으로 부정하였다. 그는 국립공원 관리권은 물론, 그 지방의 목축, 채광, 벌목에 대한 허용이나 규제의 권한은 나이 군 정부에 있다고 주장하였던 것이다. 그는 그러한 생각을 직접 행동으로 옮겼다. 그리하여 그는 1994년 여름에 민병대의 도움을 받아 오랫동안 폐쇄되어 있던 국립공원 출입구를 불도저로 열어 놓았다. 이것은 연방의 권위에 대한 직접적인 도전이었고, 그 때문에 클린턴 행정부는 나이 군을 연방 법원에 기소하였다.

헌법근본주의 사상은 배심원 지상주의(jury empowerment doctrine), 즉 '배심원에 의한 판결 무효화' 운동으로도 표현되었다. 그것은 재판에서 판사의 권한을 무시하고 그 대신 배심원의 평결만을 받아들이려는 운동이었다. 그것은 진보적인 판사들이 범죄자들, 유색인종들, 환경운동가들에게 관대한 판결을 내리는 데 대해 극우파들이 분개한 데서 나온 운동이었다. 따라서 극우파는 재판에 있어서 최종 판결의 권한이 지역 주민 가운데서 선정된 배심원들의 평결에 있어야 한다고 주장하였던 것이다. 이러한 생각을 대변하는 단체들은 아주 많았는데, 그 가운데서 가장 대표적인 것이 '충분한 정보를 가진 배심원제 협회'였다.

이들의 주장에 따르면, 판결의 최종적 권한은 판사에게 있는 것이 아니라 지방민으로 이루어진 배심원들에게 있었다. "배심원은 대통령, 의회 및 판사들을 모두 합친 것보다 더 큰 권한을 가지고 있다"고 극우파는 애리조나에서 발행된 어느 배심원의 소개 책자에서 주장하였다.

'기독교 정체' 신학과 반유대주의

노스캐롤라이나의 극우파 단체인 '헌법정부 부활을 위한 시민연합'의 앨버트 에스포지쇼가 미국의 법은 성경과 합중국헌법뿐이라고 말한 적이 있었다. 이것은 극우파 운동에 있어서 기독교와 성경이 얼마나 중요한 위치를 차지하고 있는가를 잘 보여 주는 말이었다. 앞에서 지적한 바와 같이, 극우파도 신우파와 마찬가지로 '기독교 국가로서의 미국'을 복원시키려는 것을 행동의 목표로 삼았다. 그 때문에 그들에게 있어서 기독교, 즉 프로테스탄티즘의 중요성은 결정적인 것이었다. 그런데 극우파에게 가장 큰 영향을 준 그 기독교는 기성 교회들의 기독교와는 성격이 아주 다른 것이었다. 그것은 '기독교 정체 (christian identity)' 신학으로 불리는 특이한 교파의 신앙이었다.

'기독교 정체'의 신앙은 19세기 영국에서 시작된 '브리티

쉬 이스라엘리즘(British-Israelism)'의 신앙을 미국적 풍토에 맞게 변형시킨 것이었다. 그것은 앵글로-색슨족, 즉 미국인이 고대 이스라엘 백성의 자손들이라고 믿는 태도였다. 그러한 신앙에 '기독교 정체'라는 말을 붙이게 된 것은 그들이 이제야 비로소 고대 이스라엘 백성의 자손들, 즉 '미국적 이스라엘(the American Israel)'로서 정체를 발견했다는 의미에서 이루어진 것이었다.

미국인들이 고대 이스라엘 백성의 후손이라고 주장할 수 있는 근거는 고대 이스라엘 왕국의 멸망까지 거슬러 올라간다고 기독교 정체 신학자들은 주장하였다. 이스라엘 왕국이 앗시리아에 의해 멸망당한 이후, 몇 개 부족은 어디로 갔는지 그 행방을 알 수가 없었다. 그런데 그들은 몰래 영국 땅으로 흘러들어가 숨어 살다가, 19세기에 그 정체를 드러내기 시작했고, 그 일부가 미국으로 건너 왔다는 것이었다.

이것은 오늘날의 유대인은 고대 이스라엘 백성과는 아무 관계가 없는 사람들임을 의미하였다. 왜냐하면 유대 왕국 멸망 이후 오랜 역사를 거치는 동안 유대인들은 이방인들의 피가 섞이고 도덕적으로 타락함으로써 '선민'의 자격을 잃었기 때문이라는 것이었다.

그러한 입장은 기독교 정체 신봉자들의 다음과 같은 말들 속에서 잘 드러났다. "이제 유대인들은 금융가로서 정치를 조종하는 사악한 세력이 되었을 뿐만 아니라 악마의 생물학적 자손으로 떨어지게 되었다"고. 그리고 "유대주의는 더러움과 사악한 모든 것의 극치이다. 사람은 그리스도를 따르는 기독교인이 아니면, 악마적 종교를 따르는 유대인인 것이다"고.

그러므로 '신의 선민'인 미국인들이 미국을 신에 의해 '약속된 땅'으로 바꾸기 위해서는 유대인들의 영향을 제거해야만 했다. 그리고 유대인들에 의한 미국적 체제의 전복에 대비해 군사훈련을 받아야 한다고 주장하였다.

그러한 생각은 유대인들 가운데 진보-좌파적인 성향의 지식인들과 관료들이 많다는 사실에서 오는 것이었다.

그에 따라 반유대주의적인 단체들이 조직되었는데, 그 가운데서 갑자기 관심을 끈 것은 '종단(the Order)'이었다. 그것은 로버트 마일즈(Robert Miles)에 의해 창설된 것으로 흔히 슈바이겐 형제단이나 조용한 형제단으로 불렸다. 그 조직의 실체는 1984년에 한 조직원이 위조지폐를 사용하다 체포됨으로써 알려지게 되었다.

그것은 동시에 반정부적이기도 하였다. 따라서 그것은 '유대인에 의해 지배되고 있는 미국 정부(ZOG)'의 타도를 내세웠다. 그래서 그 조직에 속한 사람들은 연방 정부에 대한 폭력 행사의 구체적 방법을 신나치주의자인 윌리엄 피어스(William Pierce)의 가상 소설『터너 일기 *The Turner Diaries*』에서 찾으려고 하였다. 따라서 그 책은 인종주의 혁명을 실현하기 위한 교과서가 되었다.

그 소설은 유대인 저명인사의 살해와 그것을 실천할 자금 조달 방법을 비롯한 혁명의 방법을 자세히 제시하였다. 그 때문에 그 소설의 영향을 받은 종단 조직원들은 헨리 키신저, 데이비드 록펠러, 3대 텔레비전 방송국 사장과 같은 유대인 저명인사들을 죽이려는 계획을 세우기도 하였다.

그러나 소송 사건에 휘말리면서, '종단'의 세력은 갑자기 쇠퇴하였다. 조직의 창설자인 로버트 매튜스는 연방수사국의 조사를 받게 되었고, 그 과정에서 죽었다. 관련자들은 시애틀 재판으로 알려진 재판을 받게 되었는데, 재판을 받은 23명 가운데서 5명이 중형을 선고받았다.

'기독교 정체' 신학의 반유대주의 사상은 아이다호에서 '아리안 국민들(Aryan Nations)' 교회를 이끌었던 리차드 건트 버틀러(Richard Girnt Butler) 목사에게서도 뚜렷이 나타났다. 그는 1986년에 반유대주의자들을 모아 아이다호의 헤이든레이크에서 '아리안 국민들'의 대회를 열 정도로 유대인 배척에 적극적이었다. 그는 유대인들이 미국의 언론과 법원을 지배하고 있는 사실에 주목하였다. 그의 주장에 따르면, 유대인들은 흑인들과 마찬가지로 악마의 자손들이었다. 따라서 유대인들은 '그리스도의 적(敵)'이었고, 그들을 미국 사회에서 제거하기 위해서는 '아리안 전사들'이 앞장을 서야 한다고 주장하였다.

포시코미타투스와 지방 급진주의

이와 같은 반유대주의 그리고 앞에서 설명한 지방 급진주의를 대변한 조직으로서 가장 대표적인 것이 '포시코미타투스

(Posse Comitatus)'였다. 그것은 1969년에 오리곤의 기능공 H.L. 마이크 비취에 의해 창설되어, 위스콘신을 중심으로 한 중서부 지역에서 활동하였다. 조직원은 대개 지역의 절친한 사람들로 이루어져 있었다. 그 조직원은 3천 명 정도였지만, 농업 위기가 있었던 1980년대 중엽에 이르러서는 1만 명 정도로 늘었다.

'포시코미타투스'란 명칭은 군(county)의 권위를 의미하는 라틴어로서, 최고의 권위는 연방 정부나 주 정부가 아니라 군에 있다는 생각에 토대를 두고 있었다. 따라서 가장 권위 있는 공직자는 군의 보안관이었다. 보안관이라 할지라도 '민중'의 뜻을 따르지 않을 경우에는 서부 개척 시대에 있었던 것처럼 정오에 민중들에 의해 마을 복판에서 교수형에 처하기로 되어 있었다. 그 때문에 이 조직의 상징은 황금으로 만든 목매달기 올가미가 되었다.

1970년대 말에서 1980년대 초에 이르는 시기에 이 조직의 대원들은 연방 정부의 공무원들이나 국세청 공무원들과 무력 충돌에 자주 휘말렸다. 그들은 연방 정부와 주 정부의 권한을 부정하는 사람들이었다. 그래서 그들은 세금 납부를 거부하는 경우가 많았다. 그리고 주 정부로부터 자동차 운전면허증과 사냥면허증도 받으려 하지 않는 사람들도 있었다.

이 조직이 사회에 알려지게 된 것은 1983년의 고든 칼 사건 때문이었다. 그것은 납세를 거부한 63세의 농부 고든 칼이 노스다코타에서 2명의 연방 보안관을 총으로 죽인 다음 아칸소의 오자크 지역으로 도망간 사건이었다.

포시코미타투스의 선전지에 나타난 지역주민의 절대권.

그는 또 다른 납세 거부자의 콘크리트 벙커에 숨어들었는데, 그 집 주인은 "시간의 마지막이 다가와 성경의 예언이 이루어지고 있다. 그러나 우선 소련이 이 나라를 정복하려한다"고 외치는 기독교 정체 신앙을 가진 사람이었다.

고든 칼은 무장 공무원들에 의해 포위되자, 보안관 1명을 죽인 다음 자살하였다.

포시코미타투스의 중심지는 위스콘신 북쪽 숲지대 타이거 톤델스에 있었다. 그들은 1,400에이커의 땅에 '타이거톤델스 헌법마을'을 세우고 스스로 판사와 대사를 임명하였다. 그 입구에는 '연방 공무원 출입 금지. 사로잡힌 자는 기소될 것임'이란 팻말이 붙어 있었다.

그들은 자동화기와 수류탄을 사용하면서 훈련을 받았다. 그들은 자신들이야말로 "헌법에 어긋나는 법령에는 복종하지 않는" 사람들이라고 주장하였다. 그리고 자기들은 제퍼슨과 잭슨의 민주주의 전통에 따라 행동하는 것이라고 주장하였다.

포시코미타투스는 고립되고 분노한 반정부적인 사람들의 조직이었다. 그 때문에 그들은 다른 무장 단체들과 직접 교류는 없었다. 그럼에도 불구하고, 그들은 '기독교 정체' 신학을 매개로 하여 다른 지역의 무장단체들과 동지의식을 느꼈다. 그러한 제휴의 한 가지 경우가 포세코미타투스의 제임스 윅스트롬(James Wickstrom)과 '그리스도 목회 교회' 목사 윌리엄 포터 게일(William Porter Gale)이 손을 잡은 일이었다.

게일 목사는 제2차세계대전 당시 더글라스 맥아더 장군의 필리핀 게릴라 작전 참모 출신의 군사 전문가였다. 그 때문에 그는 포시코미타투스 조직원들의 군사 훈련을 담당하였다. 두 사람은 함께 다니면서 연방 정부와 유대인에 대한 무력투쟁을 다음과 같이 호소하였다. "우리는 우리 나라를 칼로 깨끗이 하려고 한다. 여러분은 내가 폭력을 가르치고 있다고 생각한다면 맞는 것이다. 이 나라의 유대인 목사들의 신상명세서를 알려 달라."

그들은 캔사스의 다지시티에서 작은 라디오 방송을 통해 그들이 민중의 적이라고 부른 유대인, 가톨릭, 흑인, 법원, 은행, 국세청을 공격하는 방송을 계속 내보냈다.

포시코미타투스의 주장은 특히 1984~85년에 경제적 어려움을 겪고 있던 중서부의 농민들에게 먹혀들어 갔다. 빚으로 토지를 잃게 된 농부들은 은행원들을 죽이고, 무장 대치극을 벌이고, 자살하기도 하였다. 이와 같은 농민의 불행에 대해 포시코미타투스의 지도자 제임스 윅스트롬은 그 책임을 유대인에게 돌렸다. 그는 사악한 유대인 보험회사들, 로스차일드 가문, 레만 형제들과 같은 유대인 금융가들이 지배하고 있는 세계은행이 기독교도 백인 농민의 가정을 파괴하고 있다고 비난하였다. 이런 반유대주의의 선전은 불우한 처지에 놓인 농민들에게 먹혀들어 갔다. 그것은 30만 달러의 빚을 갚지 못해 자기 농장에서 특공대와 대결을 벌이다가 사살된 네브라스카의 한 농부의 경우에서 잘 드러났다.

그 농부는 총에 맞아 죽기 직전에 "그들은 내가 여지껏 일해서 번 모든 것을 파괴했다"고 소리쳤다. 여기서 그들이라 함은 사악한 법률가, 은행가, 유대인을 의미하였다.

이처럼 반유대주의는 극우파에 의해, 1930년대의 나치 독일에서처럼, 농민의 곤경을 설명하는 이론으로 이용되었다. 중서부 농촌 지역에는 유대인이 별로 없었기 때문에, 보이지 않는 적에 대한 증오심을 부추기는 것은 아주 쉬웠다. 그러므로 경제위기에 빠진 농민들은 반유대주의의 선전을 쉽게 받아들였다. 그에 따라 농민들은 유대인이 아무것도 생산하지 않고 조작을 통해 착취만 하는 악마라고 생각하게 되었다.

극우파의 행동

'음모 이론'과 아마겟돈 전쟁의 준비

극우파의 입장에서 볼 때, 기독교 국가인 미국의 붕괴는 미국 내부의 진보-좌파 세력에 의한 것만이 아니었다. 그것은 국외의 적에 의해서도 추진되고 있었다. 그들은 그러한 국제적 음모를 꾸미고 있는 세력이 다름아닌 유대인들, 진보주의자들, 사회주의자들, 공산주의자들 그리고 로마 교황청을 중심으로 한 가톨릭 교회라고 생각하였다. 그리고 국제연합(UN)이야말로 이러한 음모세력들의 소굴이라고 생각하였다. 그래서 극우파는 미국의 국제연합 탈퇴를 강력히 주장했던 것이다.

이처럼 미국을 무너뜨리려는 사악한 세력이 있다는 음모

이론(conspiracy theories)은 17세기부터 있었다. 그러나 1990년대에 들어와서 팻 로벗슨, 제리 폴웰과 같은 거물급 목사들로 인해 다시 고개를 든 것이다.

음모 이론이 주장하는 핵심은 프로테스탄트 국가인 미국이 언젠가는 국제적 음모 세력과 최후의 대결을 벌일 수밖에 없다는 아마겟돈(Armageddon) 전쟁의 개념이었다. 그리고 그러한 최후의 전쟁에서 살아남기 위해서는 준비가 필요하다는 생존주의(survivalism)의 교리였다.

팻 로벗슨(Pat Robertson) 목사는 1991년의 베스트셀러인『새로운 세계 질서 *The New World Order*』에서 오늘날 세계에서 일어나고 있는 불경기와 군사적 충돌의 원인이 유대인을 중심으로 한 사악한 금융가들의 조작 행위에 있다고 주장하였다. 음모를 꾸미는 이들 금융가 집단은 18세기에 독일 바바리아의 '일루미나티' 조직에서 시작되었다. 그러나 이제 그것은 유럽과 미국 두 지역에서 정부의 정책에 영향을 끼칠 정도로 그 세가 커졌다는 것이었다.

이들 유대인 음모 세력은 국내적으로는 선량한 민중을 수탈하기 위해 연방지불준비제도(FRB)와 같은 정부 통제 기구들을 만들었으며, 국제적으로는 미국을 무너뜨리기 위해 공산주의자들과 협력하여 국제연합(UN)을 만들었다고 그는 주장하였다. 그 이유는 그들이 국제연합을 통해 미국을 흡수하고 있고, 그것을 토대로 결국 하나의 세계 정부, 하나의 세계 경제, 하나의 세계 독재체제를 만들려 하기 때문이라는 것이었다.

음모 세력인 이들 유대인 금융가는 냉전 기간에도 자신들의 이익을 챙긴 사악한 사람들이란 것이었다. 그들은 연방 정부의 정책 엘리트와 결탁했으며 그 과정에서 미국의 국가 이익이 크게 손상되었다는 것이다.

　　미국이 한국전쟁과 베트남전쟁에서 승리하지 못했던 것도 결국은 이들의 방해 때문이라고 보았다. 다시 말해 "그들이 이 나라에 대해 가지고 있던 계획은 공산주의에 대한 승리가 아니라 하나의 세계 정부 속에서 궁극적으로 미국을 소련과 결합시키는 것이었기" 때문이라는 것이었다.

　　팻 로벗슨 목사는 1991년의 걸프 전쟁도 유대인 금융가들의 농간으로 미국 정부가 이라크의 후세인에게 신호를 잘못 보냄으로써 일어나게 되었다고 주장하고 있다.

　　그것은 극우파가 신우파와는 다르게 이스라엘 국가에 대해 적대적임을 보여 주고 있다. 신우파는 이스라엘 국가에 대해서는 호의적이었던 것이다.

　　이와 같이 극우파의 반유대주의(anti-Semitism)와 반공주의(anti-Communism)는 '아마겟돈' 전쟁론과 천년왕국설(millennialism)로 연결되었다. 그것은 미국을 무너뜨리려는 국제적 음모 세력 때문에 미국이 언젠가는 그들과 최후의 대결을 벌여야 될 제3차세계대전이었다. 그것은 그리스도가 평화와 정의로 1천년을 통치할 날이 오기 전에 미국인들이 '그리스도의 적들'과 벌이는 무서운 제3차세계대전이었다. 그것은 극우파가 출현하기 오래전인 1970년에 출간되어 베스트셀러가 된 핼 린지(Hal

Lindsey)의 『지구 마지막 날』에서 묘사된 내용인데, 뒤늦게 극우파 대중에게 큰 영향을 주었던 것이다.

이 주장에 따르면, 최후의 결전은 미국과 유럽연합을 한 편으로 하고 소련과 중국의 공산군 및 아랍의 이슬람군을 다른 편으로 하는 두 세력 사이에서 일어나게 될 것이었다. 그러나 그와 같은 참혹한 전쟁이 일어나기 직전에 그리스도가 재림하여 일부의 기독교인을 구출하게 된다는 것이었다.

천년왕국설에 대한 믿음은 미국의 우파 기독교인들에게 널리 퍼졌다. 그 때문에 로날드 레이건 대통령도 1984년의 선거전에서 제임스 베이커와 함께 PTK 텔레비전에 나가 "우리는 아마겟돈 전쟁을 보게 될 세대가 될지도 모른다"고 말할 정도였다.

아마겟돈 전쟁론은 1970년대 이후에 널리 퍼진 미국 사회의 비관주의적인 분위기를 드러낸 것이었다. 이 시기는 바로 로마 클럽이 '성장의 한계'라는 개념을 가지고 세계 경제의 파국을 우울하게 제시하던 때였다.

그러므로 레이건 대통령이 소련을 '악마의 제국'으로 부른 것도 결국은 그리스도의 재림 이전에 대혼란을 일으키게 될 사탄의 도구와 소련을 같은 것으로 보는 우파 기독교인, 즉 근본주의자들의 생각을 반영하고 있었던 것이다.

'기독교 애국자들'의 조직

이와 같은 시각에서 보면, 극우파는 두 가지 목표를 향해

움직여야 했다. 하나는 장기적인 관점에서 국제적 음모세력에 의해 일어나게 될 아마겟돈 전쟁에 대비해야 하고, 또 하나는 단기적 관점에서 미국 내의 진보-좌파 엘리트와 연방 정부에 의한 억압에 저항해야 했던 것이다. 이와 같은 상황에서 극우파는 기독교 신앙과 무장 투쟁을 결합시킨 단체를 조직하게 되었다. 여기서 기독교 신앙이라 함은 '기독교 정체'의 신앙을 의미하였다.

민병대조직이 주로 군사조직의 성격을 띠고 있는 것이라면, 이들 종교 단체들은 교회조직이나 공동체조직의 성격을 띠고 있었다. 그러나 실제로는 두 조직의 성격은 구분하기 어려웠다.

그러한 단체의 대표적인 경우가 일리노이의 존 해럴(John Harrell)에 의해 조직된 기독교애국안보연맹(CPDL)이었다. 그것은 미국이 유대인을 비롯한 이민족과 소련의 공산주의에 의해 무너질 것을 두려워하는 사람들의 조직이었다. 그들은 언젠가는 공산주의자들이 멕시코나 캐나다로부터 기독교 미국을 침공해 올 것이라고 믿고, 그것에 대비해야 한다는 생존주의 사상을 역설하였다. 그리고 그와 같은 '아마겟돈 전쟁'에서 살아남기 위해서는 "미주리-아칸소 접경 지대인 오자크 지대에 설치된 '생존 기지'에서 틈틈이 군사 훈련을 받아야한다"고 주장하였다.

이러한 활동은 모두 미국을 기독교 국가로 유지하기 위해서는 군사 행동이 필요하다는 생각에서 출발하였는데, 이러한 호전적인 성격은 베트남 전쟁의 유산과도 관련이 있었다. 베트남 전쟁은 '람보 신화'와 '전사의 꿈'을 만들어 놓음으로써 평범한 미국인들이 그것을 실현하기 위한 병사가 되도록 유혹했던 것이다.

연방 정부와 기성 체제에 대해 불만과 복수심으로 가득 찬 젊은이들은 애국적인 군사조직에 소속되고 유니폼을 입는 과정에서 공동체의식과 자신의 존재의의를 느끼게 할 수 있었다. 그것은 무미건조한 생활에 활력을 불어 넣을 수 있는 신선한 경험이었다. 그것은 제1차세계대전에서 패배한 독일에서처럼 베트남 전쟁에서 패배한 미국에서 일어난 낭만적인 군사 문화였던 것이다.

이것은 베트남 전쟁에서 훈장을 탄 제대군인들이 극우파 운동에 많이 가담했다는 사실에서도 잘 나타난다. 베트남 참전 용사들은 대개가 '음모 이론'을 받아들였다. 그것은 병사들이 전선에서 용감하게 싸우고 있는 동안 후방에서는 등 뒤를 찌르는 배반 행위가 일어났다는 생각 때문이었다. 여기서 반역자들이란 연방 정부를 둘러싸고 있는 진보주의자들, 반전운동가들, 여성해방운동가들이었다.

그러므로 그들에게는 연방 정부와 그것을 둘러싼 진보-좌파 엘리트에 대해 무력으로 복수하고 싶은 마음이 강하였다. 그들의 증오심이 얼마나 강했는가 하는 것은 G. 고든 리디가 라디오 방송을 통해 연방 정부의 주류총기단속반(BATF) 요원들과 싸우는 방법을 가르치는 말 속에서 잘 드러났다. 그는 단속반이 방탄 조끼를 입었을지 모르므로 총을 쏠 때는 머리를 쏘아야 한다고 가르쳤던 것이다.

콜로라도 스프링즈의 한 라디오 방송도 증오심에 찬 목소리로 연방 정부에 대항해 무장혁명을 일으킬 것을 외쳤다. "제2의 격렬한 미국 혁명이 가까웠다.……워싱턴의 관료들이 마을로 와서 마을 사람들의 땅을 사용할 수 있다느니 사용할 수 없다느니 떠드는 데 대해 이제 사람들은 신물이 났기 때문이다"라고 방송자는 외쳤다.

연방 정부에 대한 증오심은 개인의 총기 휴대 규제 문제가 제기되면서 더욱더 커졌다. 클린턴 행정부가 브래디 법 등을 통해 범죄 경력이 있는 권총 구입자에 대해 신원조사를 실시하고 저격용 장총의 사용을 금지시키려 하자, 그들은 격앙하였다. 그리고 그들의 그러한 분노는 1995년에 미시간의 총기 휴대권 집회(Gunstock 95)가 열렸을 때 참석자들이 "(케네디 대통령을 쏜) 리 하비 오스왈드는 어디 있나. 나라는 그를 찾고 있다"라는 내용의 스티커를 자동차에 붙이고 다닌 사실에서도 잘 나타났다. 그들은 그토록 클린턴 대통령을 죽이고 싶었던 것이다.

이와 같은 '기독교 애국자들(christian patriots)'의 무장 단체가 조직되고 활동하는 데는 두 사람이 중요한 역할을 하였다.

한 사람은 베트남 전쟁 참전 용사였던 루이 빔(Louis Beam)이었다. 그는 1992년에 '지도자 없는 저항(leaderless resistance)'의 개념을 도입하였는데, 이것은 종래의 군사조직 이론을 완전히 바꾸어 놓은 것이었다. 즉, 그는 국가의 폭정을 타도하기 위한 혁명의 수단으로써 대중을 밑바닥에 놓고 지도자를 꼭대기에 놓는 피라미드 구조식 조직을 거부하였다. 대신 그는 혁명 조직이 작고 독립된 세포 조직이어야 한다고 주장하였다. 그것은 공산주의자들의 세포 조직과 같은 것으로 연방 정부 기관원이 조직 내부로 침투하는 것을 막기에 좋았다.

또 다른 사람은 아이다호의 '기독교 성약 공동체' 지도자인 제임스 보 그리츠(James Bo Gritz)였다. 그는 베트남 전쟁의 전설적인 그린베레 부대 중령 출신으로서, '살아 있는 진짜 람보'였다. 그는 피트 피터스 목사가 매년 여는 '가정 성경 캠프'의 고정 연사로 활동하였고, 1992년의 대통령선거에서는 민중당 후보로 출마하였다.

그리츠는 1992년에 아이다호 루비릿지의 산 꼭대기에 사는 생존주의자 랜돌 위버 가족 포위 사건에 개입함으로써 '기독교 애국자들'로부터 존경을 받게 되었다. 루비릿지가 연방 기관원들에 의해 살해되자, 그리츠는 기성 세계를 떠나 '천국 가까이(Almost Heaven)'라는 이름의 공동체를 만들었다. 그리고 사설군사훈련교범(SPIKE)을 내놓았는데, 그것은 폭압적인 연방 정부의 무장 공무원들에 맞서는 데 필요한 지침을 수록한 교과서가 되었다.

그러나 '기독교 정체'의 조직들은 폭력 사건에 휘말리면서 연방 정부의 공격을 받아 점차 무너져 갔다. 1986년에 아이다호의 '종단' 조직원들은 살인, 위조지폐 사용, 파이프 폭탄 공격의 죄목으로 체포되었다. 포시코미타투스의 지도자들도 감

무장투쟁을 통한 백인혁명을 촉구하는 선전지.

옥에 갔고, 그에 따라 위스콘신의 타이거톤델스 근처의 마을
은 폐허가 되었다. 그에 따라 종단(the Order)은 빠른 속도로
무너졌다.

세상을 등지는 생존주의자들의 피난 이주

그에 따라 소수에게만 호소력을 가진 작은 조직들로는 연방 정부와 미국 사회에 어떤 영향도 줄 수 없다는 생각이 커지게 되었다. 즉, '기독교 정체'의 신봉자들만으로는 어떤 정치 권력도 잡을 수 없다는 것이 확실해졌다.

그러므로 기독교 애국자들 가운데는 기성 사회를 떠나는 생존주의자들(survivalists)의 길을 선택하려는 사람들이 늘어났다. 그리고 그와 같은 기성 사회로부터의 '일탈'이나 '분리'는 사람들의 발길이 없는 외딴 지역에서 종교공동체(cultic communities)를 세우게 된 것을 의미하였다. 그러므로 기독교 애국자들 속에서는 태평양 연안 북서부와 인근 산악지대 및 아칸소의 숲 지대로 이주하는 사람들이 늘어나게 되었다.

그렇게 해서 세워진 종교공동체 가운데 하나가 제임스 엘리슨(James Ellison)의 '주의 칼과 팔(CSA: the Covenant, the Sword and the Arm of the Lord)'이었다. 그것은 남부 아칸소와 미주리의 경계선에 있는 오자크 산악 지대에 자리잡고 있었다. 공동체 이름에 칼이란 단어가 들어가게 된 것은, "내가 땅에 내려온 것은 평화를 주기 위한 것이 아니라 칼을 주기 위한 것이니라"는 마태복음 10장 34절의 문구 때문이었다. 그것은 아주 작은 공동체였지만, 1985년에 종단 소속원이 아이다호에서 주 방위군을 죽이고 도망간 사건이 일어나면서 미국 사회의 관심을 끌게 되었다.

'주의 칼과 팔(CSA)' 조직은 자기네 조직을 '자렙파스호렙' 교회로 불렀다. 그들은 유대인을 사탄의 근원으로 보았기 때문에 유대인 문화 센터에 폭탄을 던지려는 계획을 세우기도 하였다. 또한 그들은 생존주의자로서 닥쳐올 큰 혼란에 대비하여 시가전 훈련도 했다. 그날이 오면 백인 기독교인들은 공산주의자, 유대인, 흑인, 동성애자들과 싸워야 했기 때문이다. 주 방위군을 죽이고 도망 온 종단 소속원이 공동체에 숨어들자, 수백 명의 연방 정부 무장 공무원들이 공동체를 포위하였다. 그리고 엘리슨은 나흘 만에 항복하고 말았다. 엘리슨은 범죄 조직 결성이라는 죄목으로 감옥에 갔다.

포위 당시에는 여자들과 어린아이들 그리고 갓난아이들을 포함하여 55명이 있었는데, 전기도 수도도 없이 살고 있었다. 그들 대부분은 턱수염을 길렀고, 대화의 마지막에는 반드시 "주를 찬양하라"는 말을 붙이곤 하였다. 그 공동체는 여성이 남성에 복종해야 하는 남성지배의 사회였다. 그것은 "인종차별주의와 성차별주의를 토대로 세워진 나라"였던 것이다.

또 다른 무장 공동체의 하나가 오클라호마에서 로버트 밀라(Robert G. Millar)가 만든 엘홀름시티였다. 엘홀름시티란 히브리 말로 신의 도시라는 뜻이고, 생활기지인 동시에 군사기지였다. 로버트 밀라는 1985년에 연방 정부의 무장 공무원들에게 쫓겨 온 사람을 숨겨 주었다. 그리고 1995년에 백인우월주의자인 리차드 웨인 스넬(Richard Wayne Snell)이 아칸소에서 살인죄로 처형될 때 "너의 어깨 위를 보라. 정의가 오고 있다"는 위로의 말을 남김으로써 정신적 조언자로서의 역할을 하였다.

종교적 공동체 건설의 사상은 1980년대의 '성역(sanctuary)' 사상이나 1990년대의 '북서부 이주 운명(northwest imperative)' 사상으로 발전하였다. 그것을 실현하기 위한 구체적인 계획이 1986년에 아이다호의 헤이든레이크에서 열린 '아리안 국민들' 모임에서 제시된 적이 있었다. 그 계획에는 오리곤, 워싱턴, 아이다호, 몬태나와 같은 북서부 지방을 '성역'으로 선포하는 동시에, 그곳에 임시 정부를 세운다는 내용이 포함되어 있었다.

그러나 이러한 지역에도 그들이 이상으로 꿈꾸는 '아리안 족의 고향'을 건설할 수는 없었다. 왜냐하면 여기에서도 빠른 속도로 인구가 늘고 있었을 뿐만 아니라, 그들의 지지기반이라고 생각되는 평범한 사람들 가운데서도 동조자가 많지 않았기 때문이다.

국가와 종교의 결합

극우파 세력은 진보-좌파 엘리트가 '국가와 종교의 분리' 원칙을 내세워 미국 사회를 '세속화'하려는 데 대해 맹렬히 반대하였다. 그들은 세속주의자들이 공립학교에서 기도 시간을 없애고, 공적인 행사에서 기독교 의식을 금지하려는 데 대해 분개하였다. 왜냐하면 진정한 미국 시민이라면 미국의 국민정신인 청교도주의(칼뱅주의)를 당연히 국가 종교로서 받아들여야 한다고 생각했기 때문이다.

그러므로 '기독교 연합'의 실질적 운영자인 랠프 리드(Ralph Reed)는 『미국의 정치와 종교 *Politically Incorrect*』에서 종교가 정치에 관여하는 것은 미국적인 방식이라고 주장하였던 것이다. 그리고 그 조직의 대표인 팻 로벗슨 목사도 그의 주장을 다음과 같이 지지하였다. "그들은(secular humanists) 교회와 국가의 분리를 주장하면서 우리를 억압해 왔다. 그러나 교회와 국가의 분리란 말은 헌법에 없다. 그것은 좌파들의 거짓말이다. 따라서 우리는 더 이상 그것을 받아들이지 않을 것이다."

그 때문에 극우파는 한편에서는 무장 투쟁을 외치면서도, 다른 한편에서는 정치 문제에 대해 의견을 표시하고 개입하려고 하였던 것이다.

그러한 사람들 가운데는 그들의 입장을 사회의 일반 대중에게 호소하려는 윌리스 카르토(Willis Carto)가 있었다. 그는 아주 오래전부터 워싱턴 주에서 '자유 로비(Liberty Lobby)'를 창설하고, 반공주의와 반유대주의를 역설하였다. 그는 유대인인 헨리 키신저의 국무장관 임명에 반대하고, 이스라엘을 '사생아 국가'로 공격하였다. 그리고 나치 독일의 유대인 대학살이 허구라고 주장하였다.

그리고 린든 라루쉬(Lyndon LaRouche)는 1984년에 무소속 후보로 대통령 선거에 출마하여 월터 몬데일이나 개리 하트 같은 민주당의 입후보자들을 '소련의 앞잡이'라고 공격하고, 해리만, 록펠러와 같은 진보주의적인 성향의 집안들이 '키신저와 같은 앞잡이를 고용하여' 세계의 많은 지역을 소련에게 넘겨주었다고 비난하였다.

특히 그는 그들이 민주당을 통해 핵무기를 동결시킴으로써 미국의 군사력을 약화시키려 했던 것을 음모로 보고 분개하였다. 그는 1986년에 국가의 적들을 지적하였는데, 그 가운데는 소련 비밀경찰(KGB), 콜롬비아 마약거래자, 영국 비밀 수사기관, 이스라엘 정보기관과 같은 외국 기관뿐만 아니라, 헨리 키신저, FBI, CIA, 동성애자연맹과 같은 국내 세력도 있었다.

라루쉬 일파는 진보-좌파 성향의 저명인사들을 공격하는 과정에서 필 도나휴 같은 방송인이나 국무장관 헨리 키신저와 같은 사회 명사들과도 부딪혔다. 그리고 국무차관 리차드 버트가 기자회견을 열 때, "당신은 소련 간첩, 적의 간첩……미국에 대한 반역자다"고 소리쳤다. 그리고 NBC 방송과의 송사에 말려 20만 달러의 배상을 선고받기도 하였다.

또한 라루쉬 일파는 국제통화기금(IMF), 선진국경제협력체(G7)와 같은 국제적인 경제기구를 가리켜 록펠러 집안이 서방의 공업을 무너뜨리고 소련과 함께 세계 질서를 운영하기 위한 음모라고 비난하였다. 그리고 그것을 추진하는 국무부를 가리켜 '반역의 소굴'이라고 비난하였다.

1986년의 일리노이 주 예비선거에서 라루쉬 일파는 금융가들의 사악함, 마약 거래의 위험성, 가족농의 보호와 같은 '포시코미타투스'의 주장을 내세워 농민들의 인기를 얻었다. 그러나 그의 운동은 곧 위축되기 시작하였다. 왜냐하면 1984년 대통령 선거 기간에 지지자들로부터 기부받은 돈을 전용했던 것과 신용카드 불법사용 등의 혐의를 받아, 연방 정부로부터 수사를 받게 되었기 때문이다.

피어스의 소설 『터너 일기』와 오클라호마 폭탄 사건

1989년에서 1991년 사이에 소련과 동유럽에서 공산정권들이 무너지면서, 미국의 극우파는 더욱더 활기를 띠었다. 외국으로부터의 위협이 없어졌기 때문에, 이들의 관심은 국내의 적(敵)을 찾는 데 열중하는가 하면 미국이 '지구주의(globalism)' 체제에 편입되면서 파생된 앞날에 대한 불안감도 극우파 활동을 자극하였다. 세계적인 차원에서 벌어지게 될 경쟁은 미국인들의 경제와 일자리를 불안하게 만들었던 것이다.

이러한 위기 상황에서 극우파의 주적(主敵)으로 떠오른 것이 연방 정부였다. 연방 정부에 대한 증오심은 1993년에 진보적인 민주당 행정부가 출범하면서 더욱더 뚜렷해졌다. 왜냐하면 진보-좌파 성향의 클린턴 행정부가 빈민을 돕기 위한 복지 정책, 그에 따른 정부 예산과 채무의 증가, 세금의 가중, 낙태와 동성애에 대한 호감을 보였기 때문이다.

이와 같은 시기에 중요한 역할을 한 사람이 톰 메츠거(Tom Metzger)였다. 그는 자신을 '백인 근로자'의 수호자로 자처하였다. 그는 '큐 클럭스 클란(KKK)' 출신으로 1998년의 대통령 선거에 민중당 후보로 출마했다. 또한 그는 '백인 아리안 레지스탕스(WAR)'의 지도자가 되어 '테러' 행위와 게릴라전에 관한 지침서를 배포하기도 하였다.

그리고 그는 1980년대 말에 영국으로부터 영향을 받아 형성된 반유대적, 백인우월주의적인 '스킨헤드(the Skinheads)' 세력을 극우파와 결합시키는 역할을 하였다. '스킨헤드'는 빡빡 깎은 머리, 팔 문신, 신나치 표시, 강철이 달린 장화로 상징되는 독특한 모습의 근로 계급 청년들이었다. 그들은 인종차별적인 '록' 음악에 열광하는 동시에 동성애자, 흑인, 이민, 유대인을 공격하였다. 한 마디로 그들은 신나치(neo-Nazi)였다.

이들은 대부분이 가난한 노동계급 문화 속에서 자랐고 교육을 못 받은 경우가 많았다. 그들은 일자리가 없는 경우가 많았기 때문에 사회에 대해 불만을 가지고 있었고 폭력적이었다. 그들은 소속 집단에 충성하고 그것의 규범에 따라 행동하는 과정에서 공동체 의식을 갖고, 이에 만족감을 느낄 수 있었다. 톰 메츠거는 이들 청년들을 모아 '스킨헤드 연합'을 결성하고, 그 행동 조직으로 '아리안 청년 운동'을 만들었다. 그리고 1987년에 그의 아들을 의장으로 앉혔다.

이들은 폭력 사건들과 그에 따른 소송 사건에 휘말리게 되었다. 그 가운데서 대표적인 것이 오리곤의 포틀랜드에서 피살된 이디오피아인의 저택과 관련된 소송사건이었다. 재판 결과 1천만 달러의 벌금이 내려지고, 3명이 장기 복역을 하게

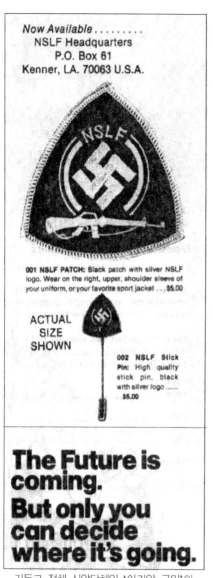

기독교 정체 신앙단체인 '아리안 국민'의
신봉자들이 사용하는 로고.

되었다. 그에 따라 그 세력은 크게 줄어 들었다.

이들 젊은 인종차별주의자들은 '기독교 정체' 신학에 속한 교파들과 손을 잡았다. 그 계기는 '아리안 국민들'이 이 청년들을 아이다호 기지에 데려 오면서부터였다. 앞서 말했듯이 1990년대 중엽에 극우파 운동에 영향을 준 또 하나의 중요한 요소는 윌리엄 피어스(William Pierce)가 쓴 소설 『터너 일기 *The Turner Diaries*』의 출간이었다. 피어스는 물리학 박사로서 오리곤 주립대학에서 가르친 적이 있었다. 이 소설은 반유대인적이고 백인우월주의적인 것으로써, 특히 1983~84년에 '종단'으로 불리는 '기독교 정체' 집단의 테러 활동에 영향을 주었다.

1995년에 오클라호마시티 연방청사 폭탄 사건이 일어나자,

이 소설에 대한 관심이 갑자기 커졌다. 왜냐하면 폭파범 티모시 맥베이(Timothy McVeigh)는 그 소설의 주인공인 윌리엄 터너의 열렬한 숭배자였기 때문이다. 그가 실제로 사용한 폭탄의 모형과 크기도 소설에서 나오는 것과 똑같았다. 실제로 오클라호마 폭탄 사건에 대해 윌리엄 피어스 박사는 동정적인 태도를 보였다. 피어스 박사의 '작은 국민동맹'은 책, 정기간행물, 단파 라디오를 통해 신나치의 사상을 퍼뜨렸다.

'미국의 가장 큰 문제는 정부를 운영하는 사람들'

민병내를 중심으로 한 극우파의 주공격 대상은 진보-좌파 엘리트에 의해 좌우되고 있다고 생각되는 연방 정부였다. 이러한 관점에서 볼 때, 민주당과 공화당은 똑같이 극우파의 공격 대상이 될 수 있었다. 왜냐하면 두 당은 연방 정부를 번갈아 가며 장악하고 있었기 때문이다.

그럼에도 불구하고, 극우파의 주적은 민주당이었다. 그에 따라 극우파의 연방 정부에 대한 증오심은 1993년에서 2000년에 이르는 클린턴의 민주당 집권 기간에 가장 강하게 나타났다. 그들의 증오심은 클린턴이 베트남 전쟁 당시 반전주의자로서 병역을 기피했다는 사실에 집중되었다. 그리고 여성해방운동가이며 성공한 여성인인 클린턴 부인 힐러리에 대한 증오심도 대단히 컸다.

극우파와 클린턴 행정부의 관계 악화는 1993년에 데이비드 지파 집단 살해 사건이 일어나면서 절정에 이르렀다. 그것은 텍사스의 웨이코 근처에서 데이비드 코레쉬를 따라 종교적 공동체를 만들어 살고 있던 신도들을 연방 정부 무장 공무원들, 즉 연방주류총기단속반(BATF)이 살해한 사건이었다. 단속반은 그 공동체 안에 무기가 있다는 정보를 입수하고 수색하려 하였으나, 공동체측이 이를 거부하고 총을 쏘아 요원 1명을 살해하였다. 마침내 단속반은 장갑차를 앞세워 공동체 건물을 파괴하였다. 그 과정에서 불이 일어나 어린이를 포함한 80여 명의 신도들이 죽었다.

극우파 세력들은 이 사건을 연방 정부의 양민 학살로 규정하고 맹렬히 비난하였다. "아름다운 나라 미국은 살인자, 거짓말쟁이, 도적들에 의해 장악되었다. 미국의 가장 큰 문제는 정부를 운영하는 사람들이다"고 군법무관 출신인 린다 톰슨(Linda Thompson)은 분개하였다. 그녀는 연방 정부에 대한 항의로 인디아나폴리스에서 클린턴 대통령 차량 행렬을 막으려 하다가 체포되기도 하였다.

정부에 대한 극우파의 분노는 무력 대결로 계속 터져 나왔다. 1995년 5월에 오하이오에서는 민병대 조직원이 지방 도로에서 지역 경찰관과 대치하다가 살해되었는데, 이유는 그가 자동차에 번호판 달기를 거부함으로써 일어난 시비 때문이었다. 그는 자기 자신이 곧 '복음과 헌법에 근거해' 세워진 법정의 재판장이라고 주장하고, 오하이오 주 정부는 자신의 '여행

할 권리'를 규제할 수 없다고 항변하였다. 이 사건과 관련하여 열린 상원 청문회에서 전국 시민 민병대연합 소속의 오하이오 출신 대원 켄 애덤스는 "민병대원이라면 정지 명령을 받았을 때 자신을 방어하게 될 것이다"고 증언함으로써 살인자의 입장을 옹호하였다.

아이다호에서는 합중국민병대협회 소속의 새뮤얼 셔우드가 주 정부에 맞섰다. 그는 아이다호 국립 수목지대를 폐쇄시키려는 환경운동가들에게 맞서면서, 만일 이 지역의 연방 법원 판사가 환경운동에 유리한 판결을 내리게 되면, "길거리에 피가 강물처럼 흐를 것이다"고 협박하였다. 그의 행동에 대해 광원들과 벌목공들이 지지하였다.

아리조나에서는 아리조나 애국단 소속의 경찰관 출신 제랄드 잭 맥클램이 연방 정부를 맹렬히 비난하였다. 그는 우리의 "진짜 적(敵)은 정부 지도층의 반역자들과 도적들 그리고 연방지불제도(FRB)를 장악하고 있는 반역적이고 사악한 엘리트들이다"고 비난하였다. 그리고 그는 경찰들에게 연방 정부의 명령에 따라 국민의 토지, 집, 기업, 자동차를 빼앗아가는 반역적인 일을 집행하지 말도록 호소하였다.

1994년의 중간 선거에 공화당이 하원의 다수파가 되자, 다음 해 공화당은 1993년의 데이비드 지파 살해 사건에 대한 대대적인 청문회를 열려고 하였다. 공화당 의원들 가운데는 그 사건의 희생자들에 대해 동정심을 가진 사람들이 많았기 때문이다. 그것을 방해하기 위한 맞불 작전으로 민주당은 거꾸로 민병대에 대한 청문회를 열 것을 요구하였다. 그렇게 되자, 이번에는 공화당 소속의 하원 의장 뉴트 깅그리치(Newt Gingrich)가 청문회의 개최를 막았다.

그러나 결국 민병대에 관한 상원 청문회는 며칠 동안이기는 하지만 열렸고, 증인으로 불려 나온 몬태나 민병대의 존 트로크맨은 금융가 엘리트와 진보적인 언론인들을 맹렬히 비난하였다. 미시간 민병대의 노만 올슨은 단복을 입고 나와 민병대가 주를 방어할 일차적인 책임이 있다고 주장함으로써 연방 정부의 권위를 부정하였다. 몬태나의 밥 플레쳐는 사악한 국제 음모 세력이 지배하게 될 '새로운 세계 질서'가 오고 있는 데 대한 두려움을 피력하였다.

민병대에 호의적인 공화당 정치인들 가운데서 대표적인 인물은 1995년에 하원 의원으로 당선된 아이다호의 헬렌 체노웨스(Helen Chenoweth)였다. 그녀는 연방 정부의 무장 요원이나 경찰이 주 경계선 안에 들어갈 때는 지방 보안관들의 허가를 얻도록 하는 법안을 하원에 제출하였다. 이것은 포시코미타투스의 급진적 지방주의를 반영한 것이었다.

1993년의 데이비드 지파 살해 사건은 제대로 규명되지 못한 채, 사회로부터 잊혀지고 있었다. 그러나 그것은 1995년에 티모시 맥베이가 오클라호마시티 연방 청사를 폭파함으로써 다시 부각되었다. 500여 명이 죽은 이 사건은 극우파인 맥베이가 연방 정부에 대해 데이비드 지파의 원수를 갚으려는 데서 일어났기 때문이다.

맥베이는 오랜 재판 과정을 거친 다음 2001년에 처형되었다. 그러나 기이하게 보이는 것은 그 처형이 진보-좌파적인 클린턴의 민주당 행정부 밑에서 이루어진 것이 아니라, 보수-우파정부인 부시의 공화당 행정부 밑에서 이루어졌다는 사실이었다.

미국의 앞날

2002년 말에 미시간 대학의 한 연구팀이 제시한 보고서 「세계가치관 조사」는 국민적 가치관에 있어서 미국인과 서유럽인(영국, 프랑스, 독일)이 가지고 있는 공통점과 차이점을 밝히고 있다.

각 개인이 자신을 어느 정도로 자유롭게 표현하고 있는가 하는 '자기 표현의 가치(values of self-expression)'에서 두 지역은 거의 같았다. 바꾸어 말하면, 두 지역에서 개인은 모두 여성의 사회 참여, 동성애 존중, 시민 운동에 대해 긍정적인 태도를 가지고 있었다.

그러나 국가적, 종교적, 도덕적인 문제에 관해서는 유럽인과 미국인의 시각이 아주 달랐다. 유럽인은 이혼, 낙태, 안락

사, 자살의 권리와 같은 세속적인 가치를 중요하게 생각하고 있었다. 이와는 달리 미국인은 국가, 종교, 가족과 같은 전통적 가치를 중요하게 여기고 있었다. 유럽인은 국가주의에 대한 경계심 때문에 국가보다는 국제공동체인 유럽연합(EU)에 대해 오히려 더 큰 애정을 가지고 있는 것으로 나타났다. 이와는 달리 미국인들은 국가에 대해 유난히 강한 애정을 드러냈다. 미국인들의 72%는 "내 조국이 자랑스럽다"고 말할 정도로 애국심이 강하였으나, 유럽인들은 그렇지 않았다.

종교에 대해서도 미국인들은 종교를 국가와 결부시키고 있을 정도로 중요하게 보고 있었다. 그러나 유럽인들은 2004년부터 발효될 유럽연합(EU) 헌법에서 일체 신(神)을 언급하지 않을 정도로 반종교적 또는 세속주의적인 성향이 강하였다. 그러한 경향은 '세속적, 민주적, 사회적 공화국'을 헌법에 명시한 프랑스의 영향력이 강하게 작용했기 때문이다.

이와 같이 미국이 문화적으로 유럽과 상당히 다른 것은 '미국적 가치'와 '미국적 체제'를 내세우고 있는 보수-우파 전통의 존재 때문이었다. 즉, 미국에는 보수-우파들이 되돌아가야 한다고 주장하는 '과거의 미국', '진짜 미국'이 있기 때문이었다.

이러한 관점에서 본다면, 유럽의 우파들에게는 되돌아 갈 전통이 뚜렷하지 않은 것이다. 그 때문에 미국 사회는 유럽 사회보다 전반적으로 더 우경화되어 있다고 볼 수 있는 것이다.

그럼에도 불구하고 미국 사회에는 유럽의 세속주의적이고 이성적인 요소 또한 상당히 존재하고 있는 것이 사실이다. 그것은 민주당에 의해 대변되고 있는 진보-좌파적 가치인 것이다. 그리고 그것은 공화당에 의해 대변되고 있는 보수-우파적인 가치와 항상 갈등을 일으키고 있다.

그러므로 앞으로 미국이 오늘날과 같은 국력과 국가적 위신을 얼마나 누릴 수 있는가는 애국심과 종교를 강조하는 보수-우파 세력이 얼마나 강하게 유지될 수 있는가에 달려 있는 듯하다. 왜냐하면 미국 사회를 근면하고 정력적이고 창조적으로 만드는 국민 정신은 보수-우파가 내세우는 개인주의-청교도주의의 전통에 그 뿌리를 두고 있기 때문이다.

주

1) Louis Hartz, *The Liberal Tradition in America*(1955)에 이와 같은 해석이 제시되고 있다.

2) 선거에서 공화당 지지자를 모두 보수-우파로 보고, 민주당 지지자를 모두 진보-좌파로 보는 것은 부정확한 방법이 될지도 모른다. 그럼에도 불구하고 선거 과정에서 보면 공화당과 민주당은 문화, 즉 생활방식의 차이를 보여 주는 정강들을 둘러싸고 대립하고 있고, 그 대립에서 어느 한 정당을 선택했을 때는 그 정당이 대변하고 있는 이념을 받아들인 것으로 볼 수밖에 없는 것이다.

3) Paul Conkin, *The New Deal*(1967): 이주영 번역, 『뉴딜 정책』 (탐구당, 1977)에 뉴딜 정책과 진보주의 이념에 대한 개괄적인 내용이 제시되어 있다.

4) 이주영, 「미국 개혁자유주의의 위기: 1960년대의 위기의식을 중심으로」, 『미국사연구서설』 (일조각, 1984)에서 진보주의 권력층이 정권을 잡아 정책을 시행했을 때 나타난 한계가 언급되어 있다.

5) 이주영, 「슐레신저와 미국의 자유주의 사관」, 『역사와 인간의 대응』 (도서출판 한울, 1984)에서 진보주의(자유주의)의 전반적인 성격을 다루고 있다.

6) 이주영, 「린든 존슨의 '위대한 사회'와 미국 자유주의: '빈곤에 대한 전쟁'을 중심으로」, 『인문과학논총』 제18집 (건국대학교, 1986).

7) 이주영, 「미국 신좌파: 역사적 의미와 유산」, 『미국 사회의 지적 흐름 사회문화편』 (서울대학교출판부, 1998)에 신좌파 운동의 전반적인 성격에 관해 다루어져 있다.

8) 이주영, 「1960년대 신좌파와 평등의 문제」, 『인문과학논총』 제30집 (건국대학교, 1998)에서 참여민주주의에 관해 언급되어 있다.

9) 이주영, 「1960년대 미국 학생운동의 마르크스주의화 과정」, 『미국사연구』 제9집 (한국미국사학회, 1999)에서 신좌파가 정통적 마르크스주의자로 전환되는 과정을 다루고 있다.

10) L.H. Gann & Peter Duignan, *The New Left and the Cultural Revo-*

lution of the 1960: A Reevaluation (Hoover Institution, 1995)에서 문화혁명에 관한 전반적인 설명이 제시되어 있다.

11) Roger Kimball, *Tenured Radicals: How Politics Has Corrupted our Higher Education*, Revised Edition (Chicago: Ivan R. Dee, Publisher, 1998)에서 급진적인 교수들에 대해 자세히 언급되고 있다.

12) 이주영, 「미국 국민주의의 역사적 특징」, 한국서양사학회 편, 『서양에서의 민족과 민족주의』 (도서출판 까치, 1999)에서 우파들이 보는 미국의 국민성, 애국심 등에 관한 설명이 제시되고 있다.

참고문헌

안윤모, 「1960년대 쿠클럭스클랜과 민권운동」, 『인문논총』 제11
    집, 서울여대 인문과학연구소, 2003.

＿＿＿, 「1970년대 미국 민중주의의 성격」, 『미국학논집』 제35
    집, 한국아메리카학회, 2003.

＿＿＿, 「전후 미국 우파 인민주의의 성격(1949-1979)」, 『이대사
    원』 제28집, 이화사학연구소, 1995.

이봉희, 『보수주의: 미국의 신보수주의를 중심으로』, 민음사,
    1996.

이주영, 「미국 극우파와 '기독교 정체' 운동」, 『영미연구』 제10
    집 2호, 한국외대 외국학종합연구센터 영미연구소, 2004.

＿＿＿, 김형인, 『미국현대사의 흐름』, 비봉출판사, 2003.

이주천, 『루즈벨트의 친소정책』, 신서원, 1998.

하빈 클레어, 이주천 옮김, 『미국 공산주의의 비밀세계』, 원광대
    학교출판국, 1999.

David H. Bennett, *The Party of Fear: From Nativist Movements to the New
    Right in American History*, New York: Vintage Books, 1996.

Donald I. Warren, *The Radical Center: Middle Americans and the Politics
    of Alienation.* South Bend, Ind.: University of Notre Dame Press,
    1976.

James William Gibson, *Warrior Dreams: Paramilitary Culture in Post-Vietnam
    America*, New York: Hill and Wang, 1994.

Kenneth M. Dolbeare, ed., *American Ideologies Today.* New York: Random
    House, 1988.

Kevin P. Philips, *Post-Conservative America: People, Politics, and Ideology in
    a Time of Crisis.* New York: Random House, 1982.

Mark S. Hamm, *American Skinheads: The Criminology and Control of Hate
    Crime*, Westport, Conn.: Praeger, 1993.

Michael Barkun, *Religion and the Racist Right: The Origins of the*

Christian Identity Movement, Chapel Hill, N.C.: The University of
North Carolina Press, 1997.

Michael Lind, *The New American Nation: The New Nationalism and the
Fourth American Revolution*, New York: Free Press, 1996.

Michael Lind, *Up from Conservatism: Why the Right is Wrong for America*,
New York: The Free Press, 1996.

Pat Robertson, *The World Order*, Dallas: Word Publishing, 1991.

Richard A. Viguerie, *The New Right: We're Ready to Lead*. Falls Church,
Va.: Viguerie Company, 1980.

Robert Crawford et al., *Patriot Games: Jack McLamb and Citizen Militias*,
Portland Coalition for Human Dignity Special Report, 1995.

Robert Crawford et al., *The Northwest Imperative: Documenting a Decade of
Hate*, Portland: Coalition of Human Dignity, 1994.

Robert W. Whitaker, ed., *The New Right Papers*. New York: St. Martin's
Press, 1982.

Warren L. Vinz, *Pulpit Politics: Faces of American Protestant Nationalism in
the Twentieth Century*. State University of New York Press, 1989.

Wilbur Zelinsky, *Nation into State: The Shifting Symbolic Foundations of
American Nationalism*, University of North Carolian Press, 1995.

큰글자 살림지식총서 051

미국의 좌파와 우파

펴낸날	초판 1쇄 2013년 4월 12일
	초판 2쇄 2018년 11월 9일

지은이	이주영
펴낸이	심만수
펴낸곳	(주)살림출판사
출판등록	1989년 11월 1일 제9-210호

주소	경기도 파주시 광인사길 30
전화	031-955-1350 팩스 031-624-1356
홈페이지	http://www.sallimbooks.com
이메일	book@sallimbooks.com

ISBN	978-89-522-2388-3 04080
	978-89-522-3549-7 04080 (세트)

※ 이 책은 큰 글자가 읽기 편한 독자들을 위해
   글자 크기 14포인트, 4×6배판으로 제작되었습니다.